不器用さんでも、秒でモテ髪

かんたんすぎる

# あか抜けヘアアレンジ

モテ髪師

大悟

エムディエヌコーポレーション

# まえがき

「不器用さんでも、秒でモテ髪❤ かんたんすぎるあか抜けアレンジ」を手に取っていただきありがとうございます。

モテる女性をプロデュースする美容師、モテ髪師大悟です。

いきなりですが、女性はいろんな「キャラ」を持っているとモテます。
家族の中での、リラックスした「キャラ」
仕事中の、がんばっている真剣な「キャラ」
好きな人といるときの、女性らしい可愛い「キャラ」

そんないろんな顔を、いろんなあなたの一面を見て
周りの人は、「あれ？ 自分が思っているキャラと違う！ こういう一面もあったんだ！
もっといろんなキャラが見たい！」
と、きっとどんどん惹き込まれていくことでしょう。

実は、そんないろんな「キャラ」をつくる要素の一つは「髪」だったりします。
髪の長さでイメージは変わりますし、前髪を1センチ切っただけでも印象はガラリと変わります。
ストレートなのか、巻髪なのかでも変わるし、下ろしているか結んでいるかでも、
雰囲気も印象も変わります。

そして、別のキャラをみせることができるテクニック、それがまとめ髪アレンジなのです。
だけど、まだまだ「暑いから結ぶ」「邪魔だから結ぶ」「会社で決められているから結ぶ」くらいの感覚の方いませんか？
実際、僕のお客さんでもアレンジが苦手というお客様も多いですが、もったいない！

本書では、そんなアレンジが苦手なあなたのためにいろんなまとめ髪アレンジをご用意しました。
しかも、とっても簡単なのに女っぷりがあがるアレンジを。
かくいう僕も、まとめ髪アレンジをつくるのはとても苦手です。今でも苦手です（笑）。
そんな僕が、とにかくあまり手間がかからず、簡単にできて、「あざと可愛く」なるアレンジをまとめてみました。

まずは、どれかひとつ自分ができそうなものを選んでやってみてください。
やる前から、「苦手」「時間がかかりそう」「めんどくさい」とハードルを高くしないで、下手でもいいからひとつアレンジができた時、そのハードルは一気に低くなりますから。
僕もそうだったからわかります（笑）。
さあ、あなたの新しいキャラをつくりだすまとめ髪アレンジレッスンのスタートです！

**モテ髪師　大悟**

# 読んで真似するだけであか抜ける理由！

**本書で紹介するヘアアレンジが、あか抜けて見えるポイントは3つ！**
**この3つのポイントを押さえておけば、簡単なアレンジでもたちまちあか抜け❤**

あか抜け三大原則

## 1 ツヤ

美ってツヤ。僕らのDNAには、ツヤを美しいって認識するように刻み込まれてるんじゃないかなってくらい大事なポイント。Chapter 2のヘアケアで土台からツヤ髪を作ろう！

あか抜け三大原則

## 2 くずし

ここが、おしゃれか、そうじゃないかの分かれ目。くずしていなくて、野暮ったい仕上がりになっている人をよく見かけます。すごく簡単だから、本書のくずしの極意を継承して！

あか抜け三大原則

## 3 顔まわり&後れ毛

顔まわりって、ほんの少し変えただけで印象を激変させる変身ポイント。そして、ここと後れ毛に動きを出すことで、えも言われぬ色気が生まれるのです。

三大原則がつまった一冊。
**このまま真似すれば、**
**たちまちあか抜け間違いなし❤**

# 本書の使い方

**めちゃくちゃ簡単なのに、あか抜けて見えるアレンジを紹介。**
**目からウロコなテクニックやコツでたちまちあか抜けヘアに❤**

**Chapter 2では、土台から美しくなるためのヘアケアや、目からウロコの「モテ格言」、恋愛傾向に性格までわかる「モテ髪診断」など、内側からモテるためのコンテンツがたくさん！**

CONTENTS

## Chapter2 あか抜けルーティン ～ヘアケア＆モテ格言＆モテ髪診断～

# Chapter 01

# 秒でモテ髪♥<br>あか抜けヘアアレンジ

難しいテクニックも、時間も、センスも必要なし！
本書に書いてあるコツを真似するだけでどんな不器用さんでも、
あか抜けヘアが作れます♥
ヘアアレンジがうまくいけば、「あれ？今日の私なんか可愛いかも……♥」
って自信が生まれます。そうなると、急なお誘いや
気合を入れたい予定が楽しみになって、
ちょっと無理かなって思っていた服が着こなせたり。
あか抜けヘアアレンジで新しい自分と出会ってみてください。

前髪と顔まわりの
ニュアンスで
9割決まる❤

STYLE

# 01

# セルフカットをマスターしよう

いきなりですが、断言します！　**女性の髪型は、前髪と顔まわりのニュアンスで9割が決まります。**前髪は昔から第一印象を左右するって言われているし、その時代のトレンドを映し出すパーツでもある。顔まわりは、僕がモテ髪を提案する際に重要視している曲線やボリューム、ツヤ感がもっとも表現できる部分。つまり、**あなたがモテるかどうかは、この前髪と顔まわりのニュアンスにかかっていると言っても過言ではありません。**

でも、ちょっとでも伸びてくると目立ってしまうのがこの2つのパーツの特徴。「こまめに美容室に行く時間なんてない！」という人は、思い切って自分でカットしちゃいましょう！

今、一番おすすめしたいのはトレンドのシースルーバング。透け感があるように切るのは難しそうに思うかもしれませんが、狭めに作った前髪を広げることで隙間を作っているので、特別なテクニックはいりません。スタイルとしてはもちろん、ヘアアイロンなどでセットしたときの仕上がりも格段にアップするので、ぜひ試して欲しいです。

How To

# シースルーバングにカットする

**準備するもの**

- ・ハサミ
- ・すきバサミ
- ・コーム
- ・ダッカール 2〜4本

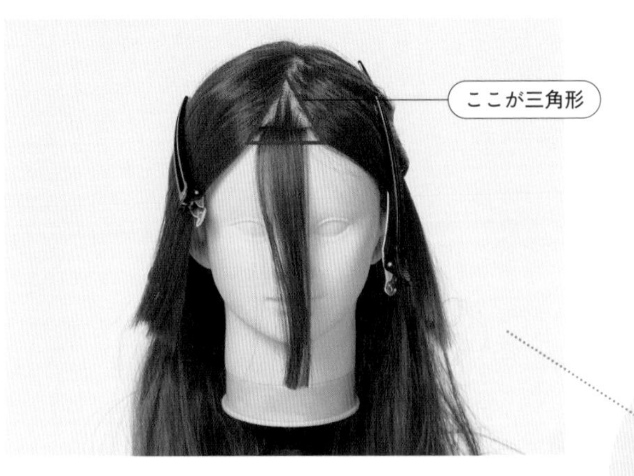


**POINT**

カットは、髪を一度濡らしてブローしてから行うのが理想的。髪をクセのない状態にしておくと、カットしやすい上に失敗も少ないので、このひと手間を惜しまずに！

## 1 カットする分の前髪を分け取る

両サイドをダッカールで留めながらカットする前髪を分け取る。分け目のラインで一辺が２㎝の正三角形を描くイメージで行う。

## 2 前髪をコームで梳かす

コームで梳かして前髪の絡まりをとく。根元からコームを入れて真下に向かって下ろす。

## 3 カットする長さを決める

眉毛の下で、人差し指と中指で前髪をはさむ。このはさんだ指から下の部分の髪をカットする。

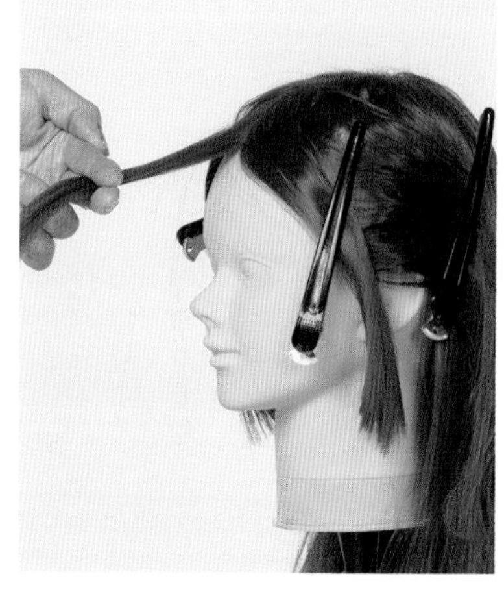

## 4 垂直に前髪を持ち上げる

カットする際、前髪は顔と垂直になる位置まで持ち上げるのがポイント。

## 5 いよいよカット！

はさんだ指をガイドにしながら前髪をカット。ハサミを縦に入れるのが理想だけれど、難しかったら真横にパツンと切ってもOK。

完成

**POINT**

前髪を持ち上げてカットすると毛先に段がつき、より軽やかで抜け感のある仕上がりに。シースルーバングは長さと薄さによって成り立っているので、切りすぎだけは要注意！

How To

# 顔まわりをカットする

そり込みはここ！

## 1 カットする髪を分け取る

耳前のそり込み部分が隠れるくらいの幅で髪を分け取る。残りの髪はカットしないので、邪魔にならないようにダッカールで留めておく。

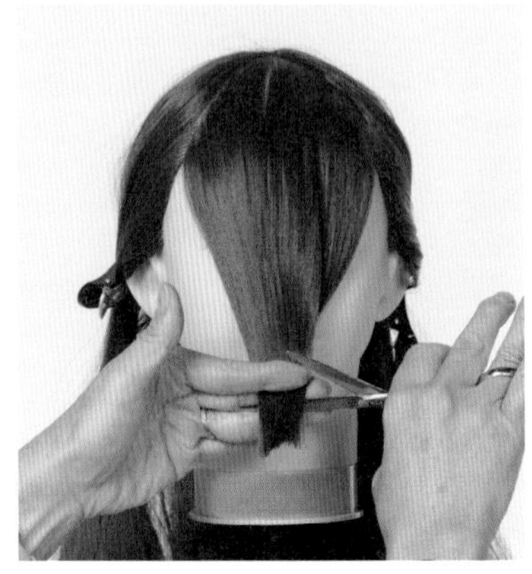

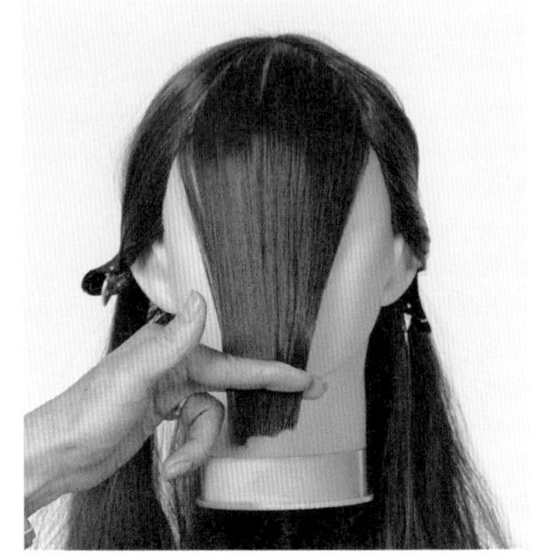

## 2 取った髪をあご下に集める

分け取った両サイドの髪を真ん中に集める。（両サイド、前髪が一緒になってもOK）

## 3 あご下の長さでカット

あご下の位置で髪をはさんでいる指の下をカット。横にパツンと切って大丈夫。

## 4 顔まわりの髪を3つに分ける

前髪〜顔まわりのラインをつなげるために、まず3でカットした顔まわりの髪を三等分に分ける。

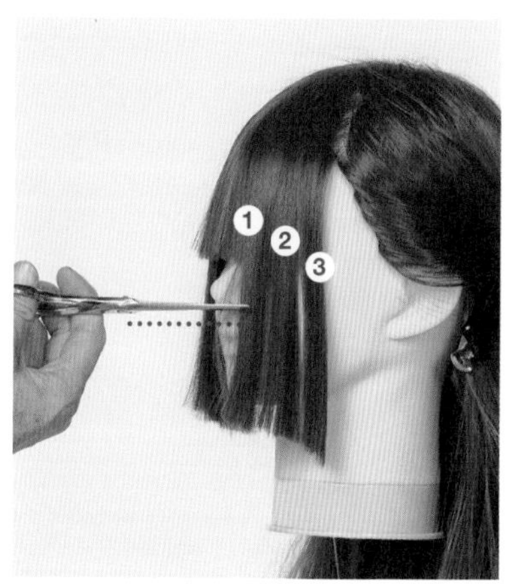


## 5 内側の髪①をカット

一番内側の毛束①は、頬骨の位置でカットする。横にパツンと切ってしまってもOK。

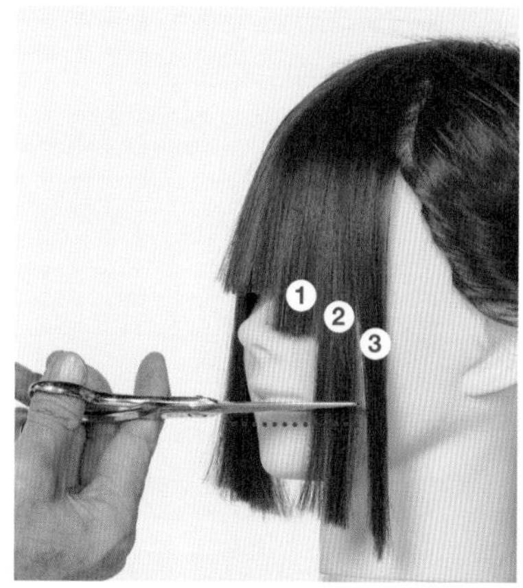


## 6 真ん中の髪②をカット

真ん中の毛束②は唇の延長線上の位置でカット。ここもハサミを横に入れてパツンと切る。

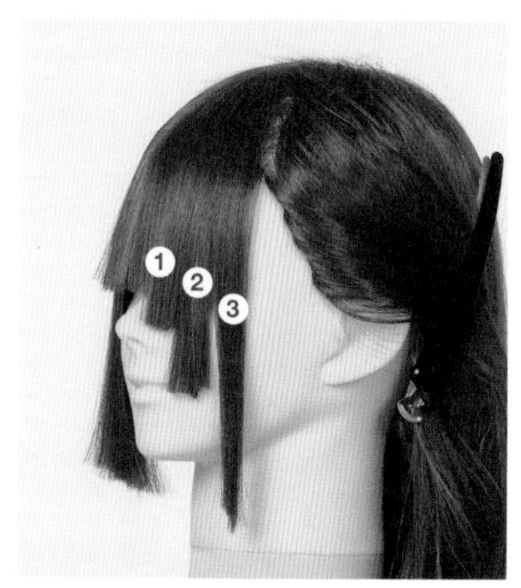


## 7 外側の髪③はそのままキープ

外側の毛束③はそのままカットしない。これにより、顔まわりの髪が階段のような形になる。

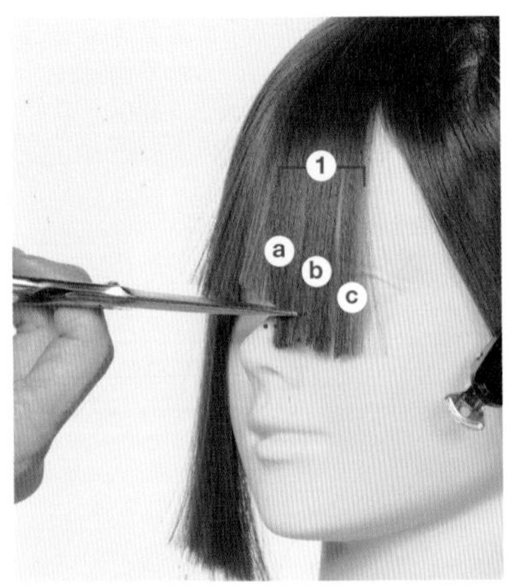


## 8 毛束①を3つに分けてカット

5で頬骨の位置にカットした①の毛束を3つに分け、段になるようにカット。一番外側のⓒの毛束はカットしなくてOK。

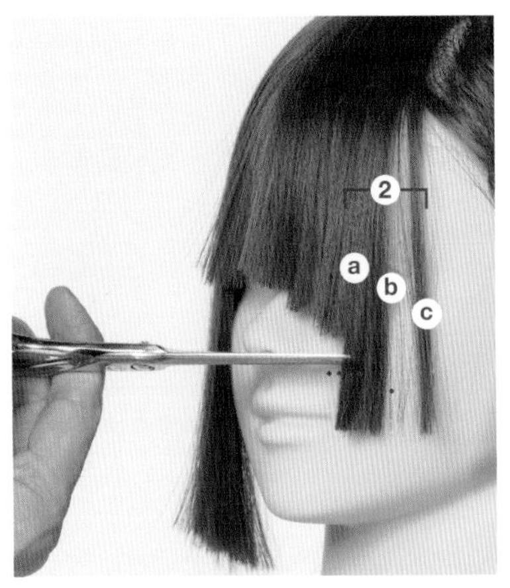


## 9 ②の毛束も同様にカット

6でリップラインでカットした②の毛束も3つに分けて同様に段になるようにカットしていく。

**| POINT |**

3つに分けた一番外側の髪の長さのみカットせずに長さをキープすることで、よりナチュラルなラインに仕上げることができる。

## 10 ③の毛束も同様にカット

カットすると、はじめに3つの段（長さ）になるように切った顔まわりの髪が、細かいギザギザな状態になる。

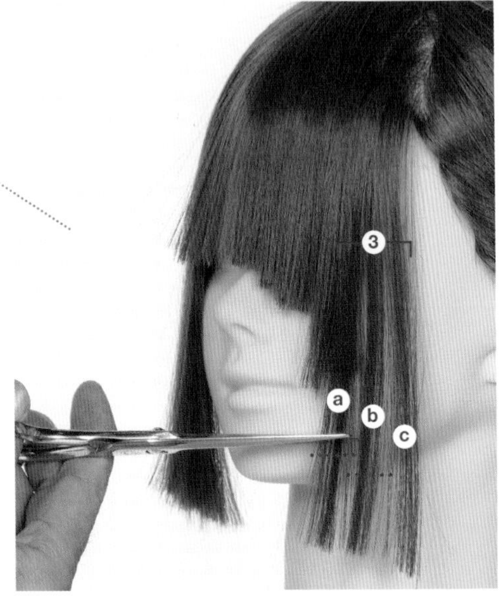

## 11 階段状になっていればOK

写真のように段々と階段状になっているかを確認して。

## 12 すきバサミでギザギザ部分をカット

ギザギザになっている部分にすきバサミを入れる。反対側も同様にカット。角が取れて、ナチュラルなラインに仕上がったら、セルフカット完了！



完成

カットすればニュアンスが手に入る♪

FRONT

カットの有無を左右で比べると、差は一目瞭然！軽やかな前髪から顔まわりへとつながるラインによって、抜け感のある印象に。

STYLE

# 02

# 前髪・顔まわりを巻いてみよう

前項でも触れましたが、**僕がモテ髪を作る上で重要視しているのが曲線とボリューム、そしてツヤ感です。**これらは「モテ髪の三原則」ともいうべき大事な要素。ヘアスタイルに取り入れることで、上品さや清潔感、柔らかな印象などをはじめとした普遍的な女性らしさから、韓国っぽい雰囲気やあざと可愛いニュアンスなどのトレンド感まで……、髪型にまつわる世の女性の〝欲しい〟をすべて手に入れることができるんです。僕はこの3つの要素を表現するのに、カーラーやヘアアイロンを使ったスタイリングを推奨しています。

とはいえ、忙しい朝の時間を考えれば、「手間がかかりそう」とか「朝からそんな時間かけられない！」って思いますよね？　でも大丈夫。**これから紹介する前髪と顔まわりのスタイリングは、シンプルで超絶カンタン。そして、確実にあか抜けます。**

やっぱり髪型が素敵に決まればその日の気分ってアガりますよね？　なにより、ちゃんと自分を大切に扱ってあげているってことが自信にもつながります。身なりだけじゃなくてメンタルも整うんだから、もうこれは取り入れない手はないですよね。

# 前髪と顔まわりを巻くだけで途端にあか抜け❤

How To

# カーラーで巻いてみよう

**準備するもの**

・マジックカーラー 40㎜ 3つ

## 1 前髪は根元までしっかり巻く

一度、前髪を前に引き出して根元にカーラーをセット。すべらせながら毛先までスライドさせて、そこから根元まで巻いていく。

**POINT**

サイドは下に引っ張りながら巻いていくと、髪がゆるまずにきれいに巻くことができる。

## 2 サイドの髪を巻き始める

サイドの髪は、中間にカーラーをセットしてから前髪と同様に毛先にスライドさせる。

## 3 そり込みの手前まで巻く

サイドは根元まで巻くと余計なボリュームが出てしまうので、そり込みの手前まで巻く。

## 4 ドライヤーの熱でクセづけ

巻いた部分にドライヤーの温風を５秒程度当てる。後は、自然に冷ますだけで十分だけど、急ぎのときは冷風を当ててもOK。

**POINT**

丸みを帯びたシースルーバングとサイドのリバースカールがあれば、あざと可愛いの標準装備は完了。ゆるい動きによるリラックス感が、大人っぽい雰囲気を引き寄せる。

# ヘアアイロンで巻いてみよう

**準備するもの**

・ストレートアイロン

**| POINT |**

アイロンの温度は160℃以下を厳守。180℃を超えると、枝毛などの髪トラブルの原因となるたんぱく変性が起こるので注意！

## 1 1㎝分の毛束を取る

前髪～そり込みは、毛束を１㎝ずつ取りながら巻いていく。一度に巻く分量が少ない方がカールが作りやすく、失敗も少ない。

## 2 中間から毛先を内巻きに

髪の中間をアイロンではさみ、毛先へとすべらせながら内巻きに。毛先がプレートに隠れる位置で軽く手首を返すときれいなカールに。

# 3

## そり込み側は毛束を中央に持ってきて巻く

外側へいくにつれて、毛束を中央に引き込みながらアイロンで巻いていく。

| POINT |

中央に引き込んで巻くことで、ナチュラルなリバース巻きに。顔まわりに適度なボリューム感が生まれ、美シルエットに。



完成

フロント部分を巻くだけで劇的にニュアンスアップ！

| POINT |

フロント付近を巻くだけでニュアンスのあるスタイルにアップグレード。ゆるい前髪のカールで可愛さを。サイドのリバース巻きはリラックス感と美シルエットを演出。

# くずしにチャレンジ

## くずしのありなしでこんなに違う！

くずしなし

くずしのテクニックを取り入れることで、トップにふんわり感、ゴムの結び目あたりのたゆみによるラフな風合いが生まれ、仕上がりが一気にこなれた雰囲気に。このくずしがあか抜けのポイント！ マスターすればシンプルなアレンジもたちまち可愛く❤

# くずしの極意

- ゴムの結び目を持って
押さえる

- 毛束は爪で前方向に
引き出す

- 引き出す位置は、
根元→真ん中→トップの
3段階

- 1つのパートを2㎝間隔で
引き出して、次のパートで
その間を引き出す

- レンガ状にできたらOK

## くずすとこんなに可愛い

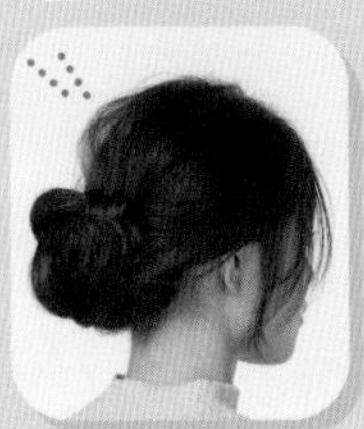

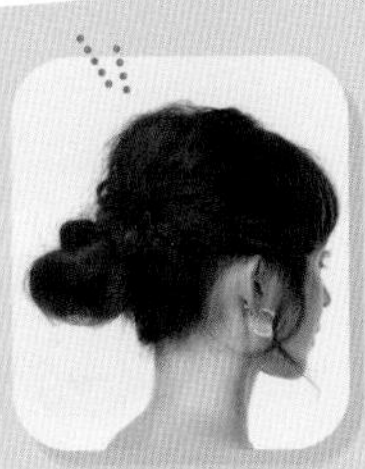

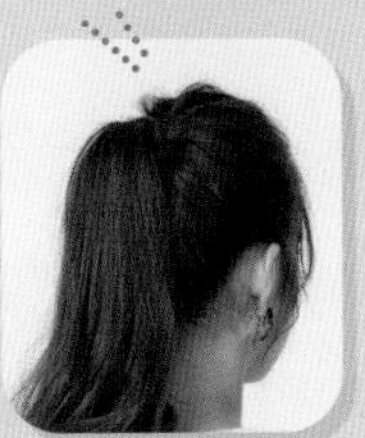

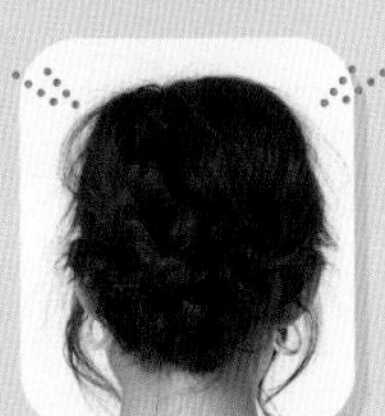

次ページにやり方が載っています！

## 1 ゴムの結び目を持ち、根元から引き出す

ゴムの力だけだと毛束を引き出しすぎてしまいやすいので、引き出す方と逆の手でゴムの結び目をしっかりと押さえる。

## 2 爪で引き出す

細かく引き出すことがポイントなので、指ではなく必ず爪を使って毛束を引き出すこと。

## 3 5㎜くらいの幅で引き出す

細かく引き出すことがあか抜けポイントなので、この5㎜くらいの幅は厳守して欲しいところ。

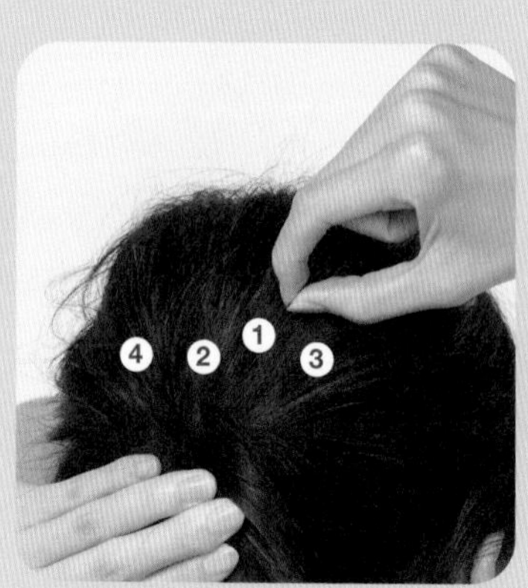


## 4 引き出す順番

中央①からはじめて、②、③、④と2㎝間隔で左右交互に2～3か所ずつ引き出していく。

5

## レンガ状になるように引き出してくずす

根元を引き出す→その上の中間の毛束を引き出す→その上のトップ部分を引き出す。写真のように、レンガ状になるように互い違いに引き出すのがポイント。

完成

ただのひとつ結びが、くずしをしただけでこんなに可愛く変化！ たったこれだけのことなのに可愛くなれるので、ぜひマスターして欲しいテクニック♪

STYLE

# 03

# 大人ポニーテールで王道モテ髪❤

なにかと忙しい朝や時間がないときなどに手早くできる便利なポニーテール。アクティブで若々しいイメージを引き出せる反面、歳を重ねるにつれて「もうポニーテールって感じじゃないかも……」って思っていませんか？　そこです、そこ！　モテのヒントはそういうところに隠れているんです！

もしもあなたが〝ポニーテール＝若いコがする髪型〟というイメージを持っていたとしたら、**それを大人の女性であるあなたがすることで意外性とギャップが生まれます。そして男は、その意外性とギャップというものにめっぽう弱い生き物です（笑）。**もちろんモテだけを狙うのではなく、意外性やギャップは自分の新しい可能性を見出す種でもあります。もしポニーテールを敬遠している大人女子がいたら、積極的にトライしてみて欲しいです。

ただし、**あらゆるものに大人の作法があるように、ポニーテールにも大人だからこそ似合うアレンジ法があります。**紹介するポニーテールは、大人の女性の上品さや色気を呼び込む工夫を盛り込みました。大人のポニーテールで、新しい自分に出会ってみてください。

大人ポニーで
色気を醸し出す

STYLE

# 04

# ゴムを隠すだけで一気にあか抜け

BACK

ポニーテールの毛束から取り出した、細い毛束で
ゴムを隠すことでこなれた印象に。そうすると、
元の毛束が細くなって、華奢な印象になるメリットも。
定番ポニーテールを大人な佇まいにするこのテクニックを、
いつものスタイリングの新ルールとして取り入れてみて！

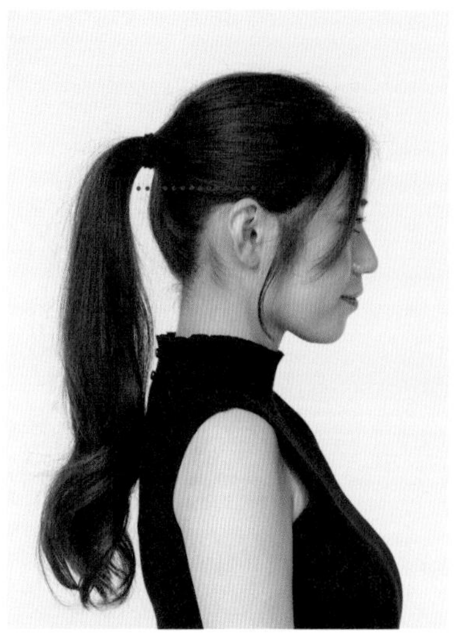

## 1 髪を1つにまとめる

まずはひとつ結びにする。結び目の場所は、耳上の延長上にするとバランスが良い。

## 2 毛束の下から5㎜の毛束を取る

まとめた毛束を持ち上げて、毛束の下の部分から5㎜くらいの細い毛束を取り出す。

## 3 毛束を結び目に巻きつけてピン留め

2で取り出した毛束を結び目に巻きつけてゴムを隠す。巻き終わりの毛先をピン留めをしたら完成。

**POINT**

ピンは結び目に対して垂直に入れる。そうするとピンが奥まで入って、くずれにくく、仕上がりがきれいに。

STYLE

# 05

# 男子はみんな大好き ハイポニー

ハイポニーはいつだって男子たちの憧れ。毛先の揺れ感やチラッと見えるうなじ、なにより、いつも髪を下ろしている人のポニーテールは、ギャップにヤラれてしまうんだとか。タイトに仕上げつつも、トップにしっかりとニュアンスを足すことで大人っぽい仕上がりに。

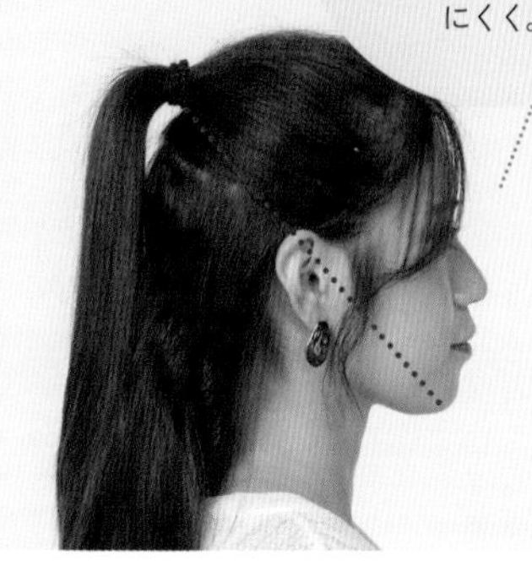

| POINT |

結ぶときは上を向いた状態で。えり足部分がたるまず、ヘアが崩れにくく。

## 1 耳上の髪をひとつ結びに

耳上の髪をひとつ結びに。結ぶ位置は、あごと耳を結んだ延長線上、いわゆる“ゴールデンポイント”よりも毛束一本分上を目安に。

## 2 残りの髪を上に持ち上げ結ぶ

えり足部分の残った髪を持ち上げながら、1の毛束と組み合わせて同じ位置で結ぶ。2段階で結ぶことで、ホールド力が格段にアップ。

## 3 毛束の下から細い毛束を取り、結び目に巻きつける

毛束の下から5㎜ほど毛束を取り出し、結び目に巻きつけてピンで留めてゴムを隠す。

## 4 トップのみをくずしたら完成

くずしを加えて完成。タイトなシルエットを意識して、くずしはトップのみ行う。

STYLE

# 06

# カンタンだけど上級者見え こなれポニー

BACK

いつものポニーテールをワンランクアップさせたい人におすすめのアレンジ。ポイントはくるりんぱとの合わせ技。ニュアンスのある毛流れに仕上がる上に、ポニーテールの根元がしっかりと持ち上がるので、見た目の可愛さとアレンジをしっかりキープする実用性を両立。

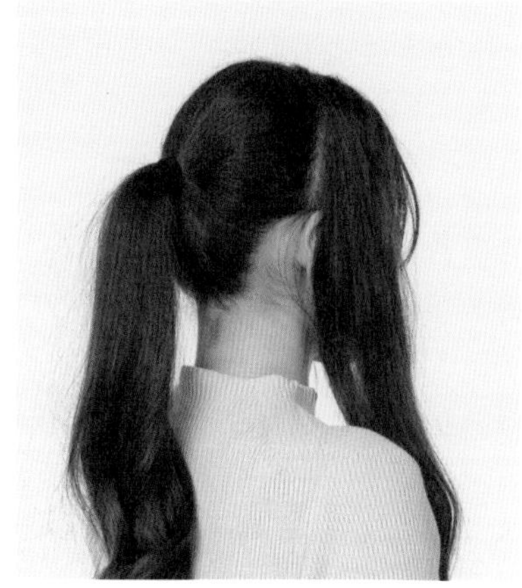

## 1 サイドを残してひとつ結び

サイド（耳前）の髪を残して、耳の高さのところでひとつ結びをする。

## 2 トップをくずす

ゴムの結び目を手で押さえて、トップの髪を爪で引き出してくずす。

| POINT |

1のひとつ結びを上で留めるとやりやすい。

## 3 サイドの髪をまとめてくるりんぱする

残っているサイドの髪を1の結び目の下でまとめて、くるりんぱ。くるりんぱした根本を押さえて、くるりんぱ部分の毛束を爪で引き出し、くずす。

## 4 くるりんぱの毛先をゴムの結び目に巻きつける

くるりんぱの毛先を1でつくったひとつ結びの結び目に巻きつけて、ピンで留めたら完成。

STYLE

# 07

# ハーフアップをマスターしよう

文字通り、髪の上半分をアップにするハーフアップ。カンタンかつ可愛くなれる上に、ボブからロングまでの幅広いレングスの人が実践可能。また髪を伸ばしている最中の中途半端なレングスでも、ストレスなく楽しめるのも特徴です。

そして、**このアレンジのもう1つの人気の秘密は、男性からも女性からも愛される髪型ということ。**それにはちゃんと理由があって、ハーフアップゆえのバランスにあります。

上の部分は、まとめてタイトなシルエットになることで、同性からの支持を集めやすい上品な雰囲気が備わります。一方で下の部分は、下ろすことで柔らかいニュアンスや抜け感のある動きなど、異性に一目置かれるような雰囲気をまとうことができます。つまり、**正反対の質感が共存することで、男性ウケと女性ウケの両方の要素をカバーできるというわけです。**

もちろん、このスタイルが醸し出す清楚で可憐な空気感は、シーンやファッションを選ばないのも魅力。いいことづくめなハーフアップをマスターして、〝全方位モテ〟を目指しましょう。

# 清楚可愛い
# 万能アレンジ

STYLE

# 08

# お手軽に上品可愛い 真ん中落としハーフアップ

通常は、耳上あたりから上の部分をすべてまとめるハーフアップ。
このアレンジは、あえて真ん中の髪を落として両サイドの髪を
まとめることで、より表情豊かにアップデート。
髪を伸ばしている途中で、まとめても落ちてきてしまうという人にも
おすすめのスタイル。コンパクトなシルエットと肩先で揺らぐ
毛先の動きで、可愛さの中にも上品さの漂う仕上がりに。

## 1 後ろを3つのパートに分ける

まず、後ろの髪を３つのパートに分ける。（分量やバランスは写真のⒶ、Ⓑ、Ⓒを参照）

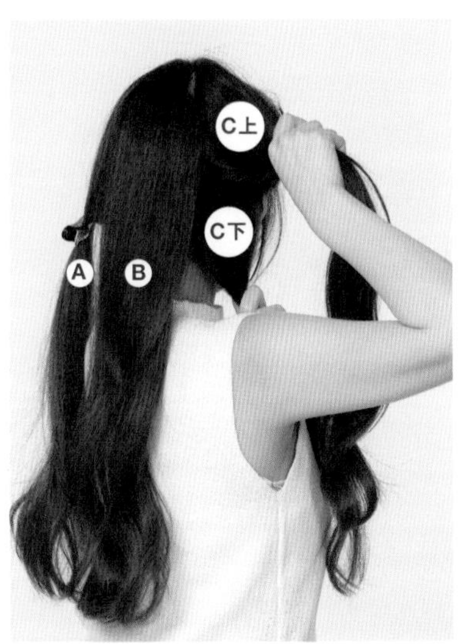


## 2 ⒶとⒸの毛束を上下2つに分ける

ⒶとⒸの毛束を上下で二等分にして、下は下してⒷと一緒にする。

## 3 2で分けた毛束を結ぶ

ⒶとⒸの上同士をまとめて1つに結ぶ。

# 4

## 3で作った毛束をくるりんぱさせる

結んだら、その毛束をくるりんぱ。このひと手間で、ニュアンスが格段に出やすくなる。

| POINT |

3分割して最初から真ん中を落とす部分を作ることで、残念なくるりんぱにありがちな“真ん中割れ”を防止することができる。

**くずし方**

ゴムを押さえながら爪を使って5㎜くらいの毛束を2㎝間隔で引き出す。その上の段は、下の段で引き出した毛束の間を引き出していき、レンガ状にたゆませていく。

# 5

## 結び目を押さえながらくずす

結び目のゴムを片手で押さえて、くるりんぱのねじった部分やトップをくずす。

## 6

### トップ部分の完成

ヘアアレンジは完成。下ろした髪はストレートのままでもいいけど、柔らかい雰囲気を出せるので巻くのがおすすめ。

## 7

### 下ろした髪はアイロンで巻き髪がおすすめ

仕上げに下ろした髪をアイロンで巻く。中間～毛先に顔まわりに沿うような動きを加えることで、抜け感たっぷりな仕上がりに。

STYLE

# 09

# ハーフアップ ×<br>お団子

SIDE

タイトさとボリュームのメリハリが持ち味のハーフアップ。絶妙な甘辛ミックスとも言えるこのアレンジにお団子をプラス。結果、柔らかさと抜け感が備わって、ちょこっと甘口な女性らしいスタイルに仕上がる。

## 1 後ろの髪を3つのパートに分ける

パートに分ける分量やバランスは写真のⒶ,Ⓑ,Ⓒを参考に。

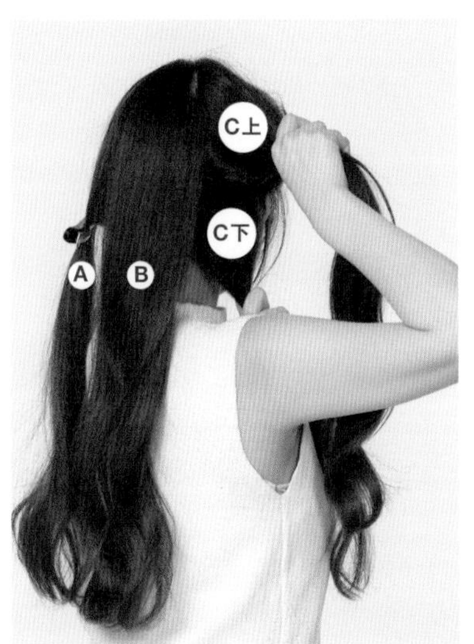


## 2 ⒶとⒸの毛束を上下2つに分ける

ⒶとⒸの毛束を上下で二等分にして、下は下ろしてⒷと一緒にする。

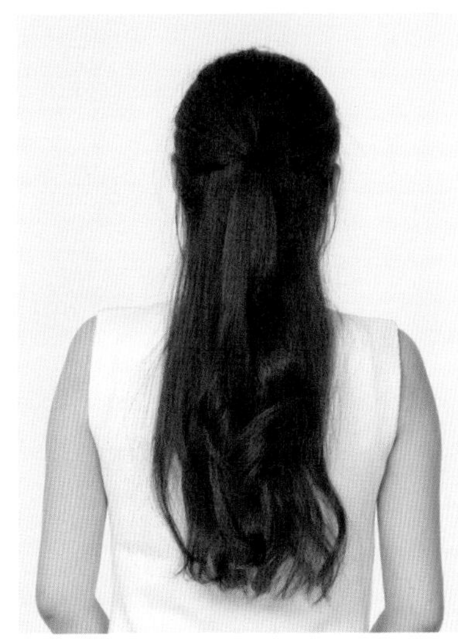

## 3 2で分けた毛束を結ぶ

ⒶとⒸの上同士をまとめて1つに結ぶ。

## 4

### 3で作った毛束を三つ編みにする

3の毛束をゆるめの三つ編みに。この後にほぐすので、少しくらい毛先が飛び出ても大丈夫。

**くずし方**

最初にゴムを少し毛先の方にずらして、ほぐす分のゆとりを作る。毛先側から順番に三つ編みの外側を上方向にていねいに引き出す。ゴムを片手で押さえながら少しずつ！

## 5

### 三つ編みをほぐす

ゴムの結び目を押さえて三つ編みをほぐし、ボリュームと立体感を出す。これにより、お団子がボリューミーに。

## 6

### 三つ編みで お団子を作る

三つ編みを根元の結び目に巻きつけてお団子に。毛先は内側に巻き込んでピン留めをする。

**| POINT |**

お団子とのコラボで抜け感をチャージ！　ハーフアップにお団子が加わることで、ふんわりと丸みを帯びたシルエットに。これこそが柔らかいニュアンスと抜け感の秘密。

## 7

### 下ろした髪を ヘアアイロンで巻く

下ろした髪と後れ毛をアイロンで巻き髪にし、ニュアンスを加えたらできあがり。

STYLE

# 10

# アンバランスがモテのポイント マーメイドサイドハーフ

パーティーなどの華やかなシーンほど、髪型に
遊び心や大人っぽさが欲しいもの。
そんなときに最適なのがマーメイドアレンジ。
あえてのアンバランス感とアンニュイな毛流れで
可愛さの中にも色気が漂う仕上がりに。

## 1 3つのパートに分ける（Ⓐ）

まず毛流れを落とす方の耳前の髪をまとめる。（Ⓐ）

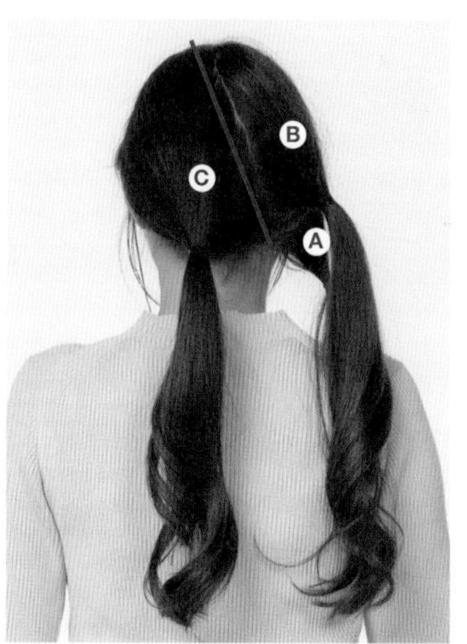


## 2 3つのパートに分ける（Ⓑ・Ⓒ）

ⒷとⒸはトップから３：７くらいの分量で、ななめになるように分ける。ななめに分けていく方向は、えり足に向かっていくように。（横から見た1の写真も参考に）

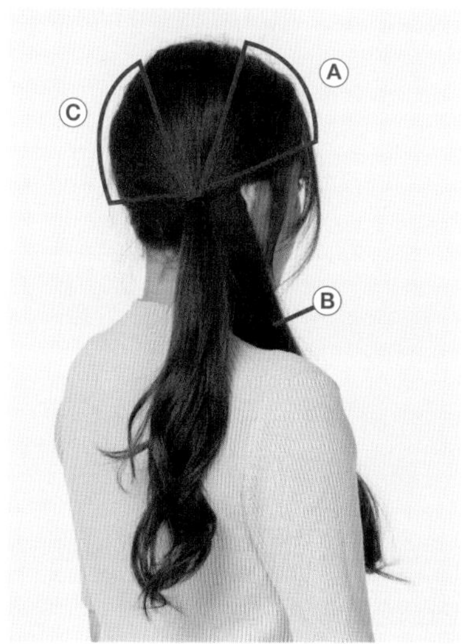


## 3 ひとつ結びをする

毛束Ⓐ・Ⓒをまとめて耳の後ろでひとつ結びにする。

## 4

### 3をくるりんぱする

3でまとめた毛束をくるりんぱする。

**くずし方**

ゴムを押さえながら爪を使って5㎜くらいの毛束を2㎝間隔で引き出す。その上の段は、下の段で引き出した毛束の間を引き出していき、レンガ状にたゆませていく。

## 5

### 4をくずす

4のくるりんぱの根本を手で押さえながら、爪で髪を引き出してくずす。

## 6

### トップをくずす

4のくるりんぱの根本を手で押さえながら、トップの毛束を爪で引き出しながらくずす。

| POINT |

巻き方をリバース巻き（P.87）で巻くことで、一気に華やかな雰囲気に仕上がります♪　正面から見たときの左右非対称なバランスにひとさじの色気を感じる仕上がりに。

## 7

### 毛束をアイロンで巻く

Ⓐ、Ⓑ、Ⓒの毛束をアイロンで巻いていく。5等分に分けてリバース巻きに。

# 定番のくるりんぱも こんなにあか抜け

STYLE

# 11

# くるりんぱを制すとモテを制す!?

ベースとしては、ひとつ結びにひと手間を加えるだけ。さっと手早くできて、失敗のリスクも少ないくるりんぱは、とてもカンタンでお手軽におしゃれが楽しめる反面、すごく手が込んでいるように見えるのも特徴。ズルくてあざといですよね、このヘアスタイル（笑）。

ただ、僕はこの **〝自分への手入れを行き届かせる〟ということをモテるための非常に大事な素養と考えています。** 僕が提唱しているモテの法則の1つに **「人は自分を扱うのと同じ扱いを他人からも受ける」** というのがあります。やっぱり自分を大事にしている人は周りからも大事にされるし、その逆もまた然りで、自分を雑に扱えば、他人からも雑に扱われてしまうでしょう。そして、自分をどれだけ大切に扱っているかが一番わかりやすく現れるのが髪型や服装です。**つまり外見は一番外側の内面なんです。**

そういう観点からも、くるりんぱはルーティン化すべきアレンジだと思います。今回は、幅広いテイストのアレンジを提案しています。しっかりと自分のものにすれば、これらの髪型があなたを素敵な場所へ導いてくれるかもしれません。

STYLE

# 12

# くるりんぱのあか抜けの極意はくずしにあり！

シンプルなくるりんぱだからこそ、くずしのありなしで印象激変。
そして、くずし方でも雰囲気が大きく変わるので、
くずしの極意（P.25も参照）もマスターして、
くるりんぱアレンジでもグッとあか抜けちゃいましょう♪

トップから後ろ、くるりんぱでねじった部分をほぐすことで、ふんわりと柔らかなタッチに仕上がり、抜け感が備わり、あか抜けた雰囲気に仕上がる。

ねじったところや後ろの部分をほぐさないと、ニュアンスや抜け感はゼロ。後ろも分けた部分で真ん中割れしていて残念な印象に。

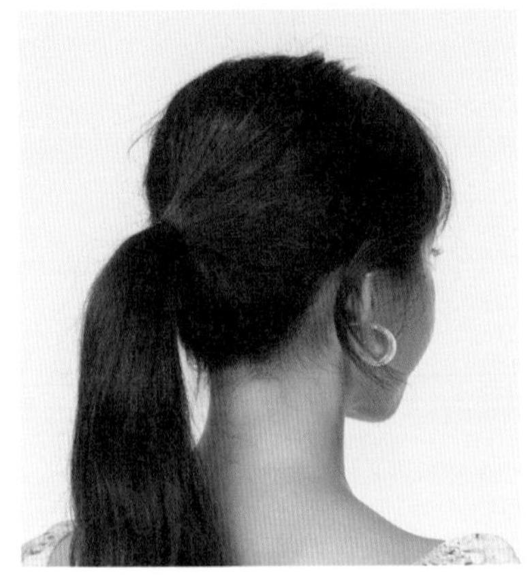

## 1 ひとつ結びをして、くるりんぱ

後頭部のくぼんだ部分あたりで、ゴムでひとつ結びにする。ゴムを少しずらして、結び目の根元側を割るように穴を開けてくるりんぱする。

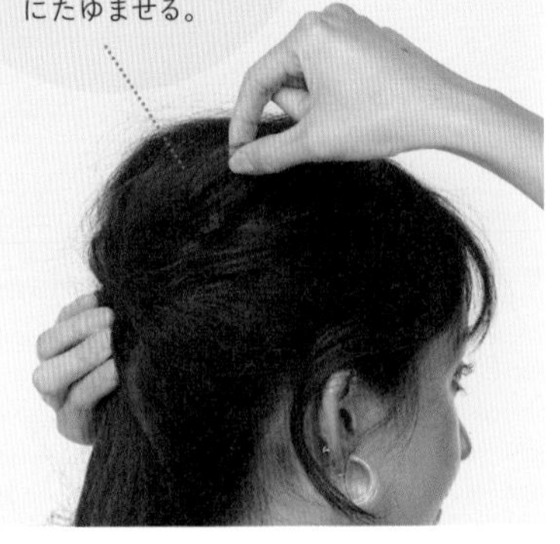

| POINT |

爪を使って5㎜くらいの毛束を2㎝間隔で引き出す。その上の段は、下の段で引き出した毛束の間を引き出していき、レンガ状にたゆませる。

## 2 根元を押さえながらくずす

トップ〜後ろの毛束を爪で摘んで引き出しながらくずして、ふんわりとした仕上がりに。

## 3 毛束はアイロンで巻き髪に

毛束はアイロンで巻くとクオリティがアップ。5回くらいに分けて少しずつ巻く。

### くずしの極意 (P.25)

- ゴムの結び目を持って押さえる
- 毛束は爪で前方向に引き出す
- 引き出す位置は、根元→真ん中→トップの3段階
- 1つのパートを2㎝間隔で引き出して、次のパートでその間を引き出す
- レンガ状にできたらOK

## くるりんぱの毛先をまとめて可愛いアレンジ

Arrange

### 1 毛先をゴムで結ぶ

くるりんぱした毛先をゴムで留めてまとめる。巻き込むのである程度ラフでOK。

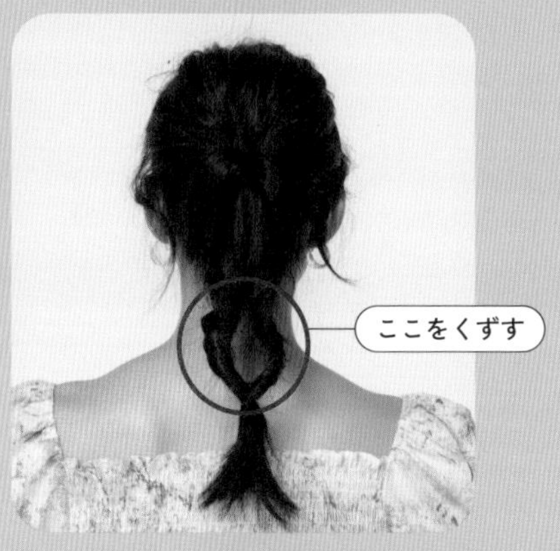


### 2 くるりんぱする

1で結んだ場所をくるりんぱして、くずす。

### 3 根元に巻きつける

2をくるくると根元に巻きつけて、巻き終わりをピンで留める。

完成

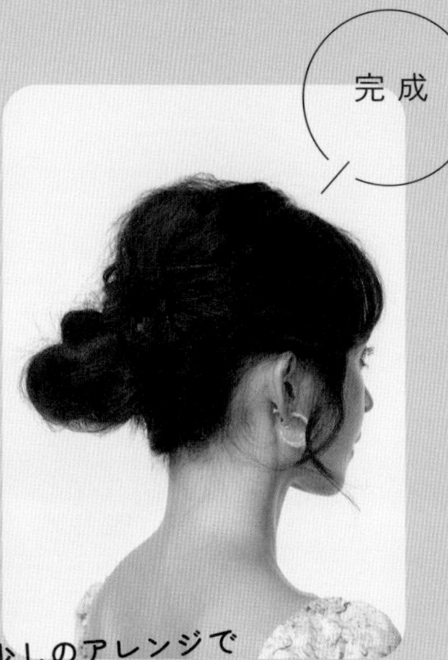

少しのアレンジでこなれ感アップ♪

STYLE

# 13

# 横りんぱで なんちゃって夜会巻き

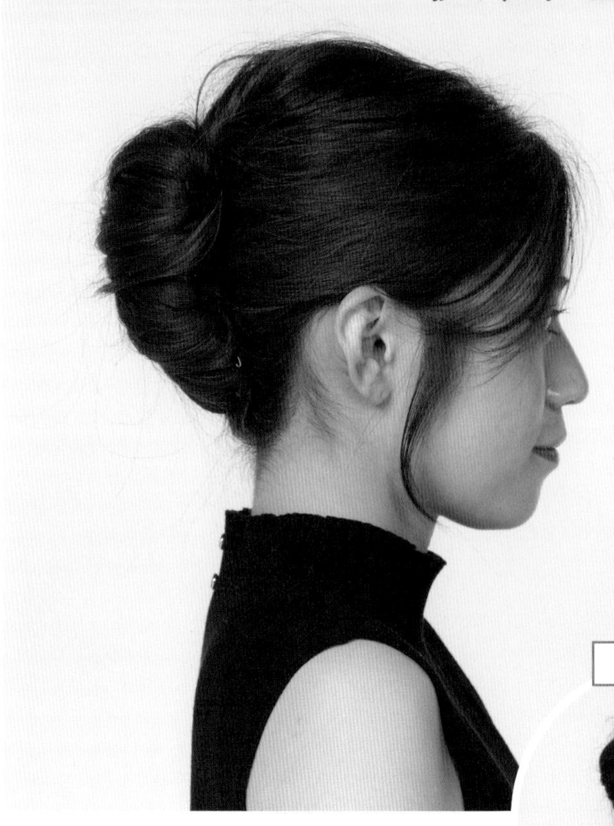

BACK

夜会巻きは、今っぽくくずせばカジュアルにもハマる、実はレパートリーに入れておくと超便利なアレンジ。一見難しそうだけど、くるりんぱを横向きに通す"横りんぱ"で応用すれば、カンタンにできちゃいます！

## 1

### 後ろでひとつ結びにする

耳上の位置でひとつ結びに。結んだらゴムを少し後ろにずらし、毛束を入れるゆとりを確保。

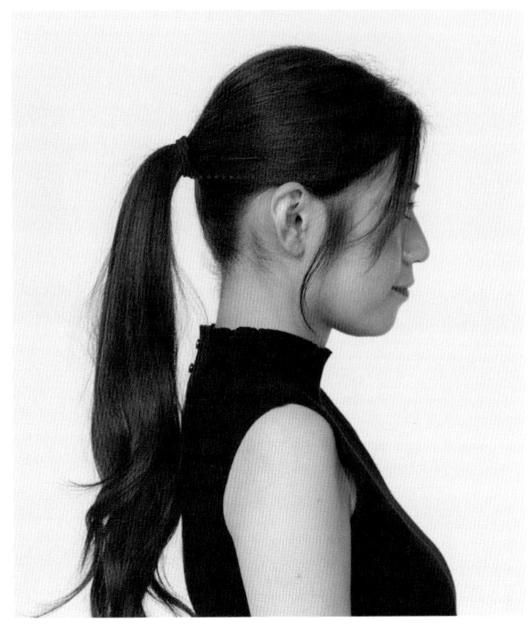

## 2

### 横方向にくるりんぱする

まとめた根元を上下に分けて、毛束を横から入れるようにしてくるりんぱする。

## 3

### 結び目を引き締める

毛先を２つに分けて両サイドに広げるように引っ張ると、結び目がきれいに引き締まる。

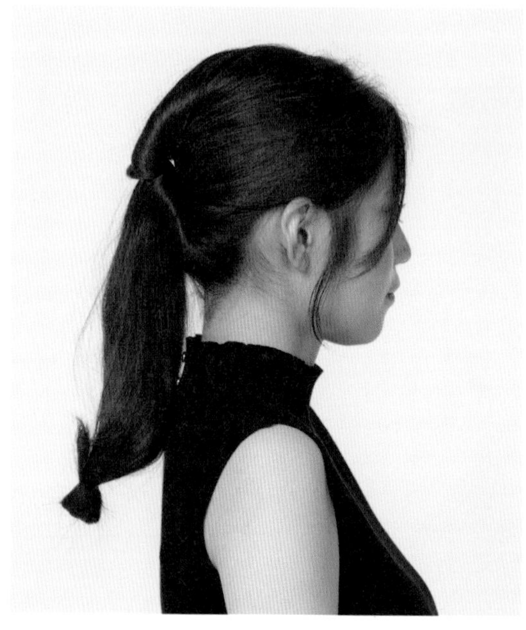

## 4

### 毛先をゴムで留める

毛先がバラつかないようにゴムでまとめる。毛先は一度折り込んでから結ぶときれいに。

## 5

### 毛束を巻き込む

横りんぱで毛束を出した方と逆の方向に毛束をくるくると巻き込んでいく。

| POINT |

フォーマルもカジュアルもいける夜会巻き風ヘアは大人っぽさが魅力！　くずし具合の強弱で幅広いシーンに対応可能。でも、どちらも品格漂う空気感は共通。大人っぽく決めたいときのとっておきのアレンジ。

## 6

### ピンで留めたら完成

巻き込んだ部分の丸みの付け根の部分にピンを挿して、しっかりと固定したら完成。

STYLE

# 14

# 3つくるりんぱで華やかアレンジ

BACK

3つのくるりんぱを駆使したアレンジ。くずすことで横全体をたゆませせることができるので、華やかさは別格。下ろした髪も巻き上げることでコンパクトなアップスタイルに。パーティーなどのシーンに最適なアレンジ。

# 1

## サイドをパート分けする

耳の後ろを境にパート分けをする。左右両方で行い、前の方はダッカールで仮留めする。

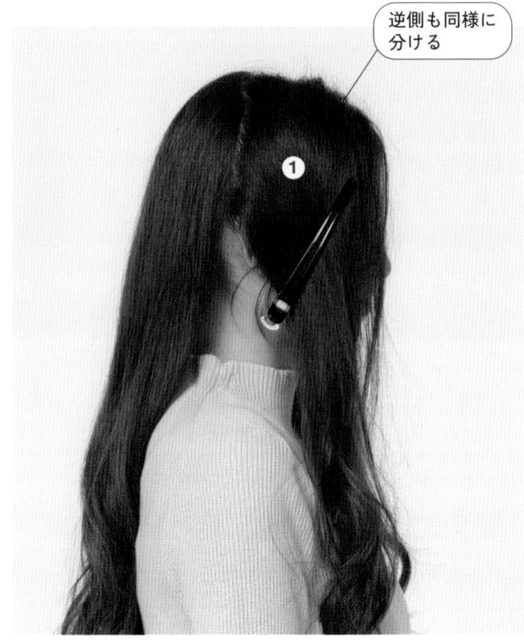

# 2

## 1の毛束を上下で分ける

1で分けた①を上下で分ける。左右の①同士、②同士、③をそれぞれひとつ結びにする。

## 3

### まとめた部分を くるりんぱする

①、②、③のひとつ結びを、それぞれくるりんぱする。

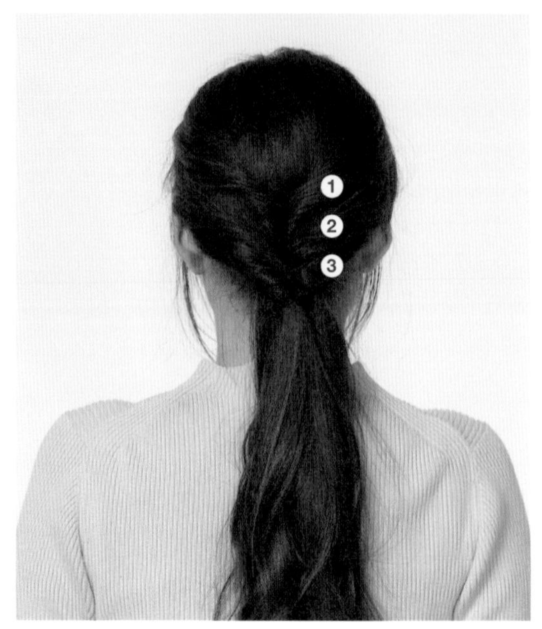

## 4

### 全体をくずす

3つのくるりんぱそれぞれと、トップ～後ろをくずして抜け感とボリュームを加える。

## 5

### 下ろした髪を三つ編みに

下ろしている髪をまとめて三つ編みにする。できたらくずしてボリューミーに。

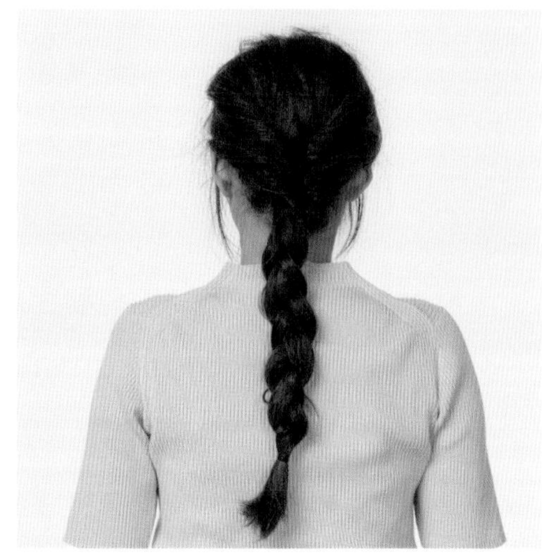

| POINT |

ピンは巻き終わりの毛先に対して垂直に挿す。地肌に触ったら巻き上げた部分の中央に向かって横向きに挿していくと、アレンジをしっかりホールドすることができる。

| POINT |

コンパクトなフォルムにリュクスな華やぎをプラス。シルエットのコンパクトさと、くずしによるボリューム感をブレンドすることで、こなれ感たっぷりのパーティーヘアが完成。

## 6

### 三つ編みを巻き上げる

三つ編みを毛先からくるくると巻き上げる。巻き終わりをピンで留めたら完成。

STYLE

# 15

# Wくるりんぱで サロンの仕上がり❤

コンパクトにまとめながらも、くるりんぱや巻き込んだ
三つ編みをたゆませることで、ニュアンスに満ちたスタイルに。
サロンでやってもらわないとできないような
手の込んだ仕上がりに見えるけれど、実は超カンタンです。

## 1

### ななめに分けて 2つの毛束を作る

写真のようにななめに分け目を作り、左右の毛束(Ⓐ、Ⓑ)をツインテールのように結ぶ。

| POINT |

1の分け目は、前から見て分け目がわかるように分けて、それを延長していくイメージで作っていくとやりやすい。

| POINT |

この先のプロセスで毛束をクロスさせながら巻き込んでいくので、くるりんぱは毛先が内側を向くようにするときれいに仕上がる。

## 2

### 左右の毛束を くるりんぱする

ⒶとⒷの毛束をそれぞれくるりんぱする。

## 3 全体をくずしていく

くるりんぱをした部分とトップ〜後ろをほぐして、ボリューム感を出していく。

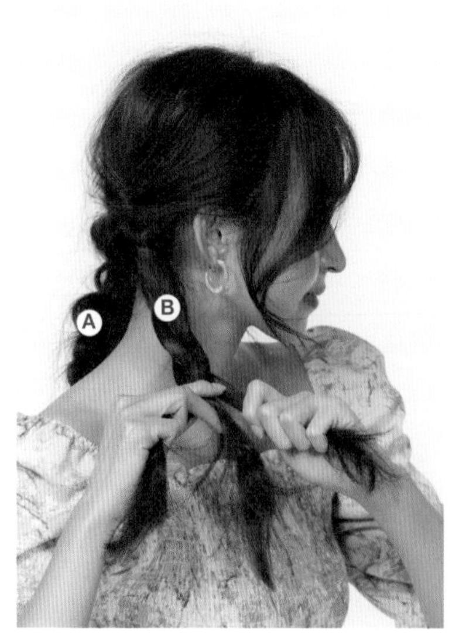


## 4 Ⓐと Ⓑを三つ編みにする

Ⓐと Ⓑをそれぞれ三つ編みにする。

## 5 三つ編みをほぐす

Ⓐと Ⓑの三つ編みをほぐす。編んだ外側をしっかり引き出してボリュームと空気感を出す。

## 6

### Ⓑを Ⓐのくるりんぱの根元へ入れ込み、ピンで留める

Ⓑの毛先をⒶのくるりんぱの根元に入れ込む。毛先をクロスさせるようなイメージで行う。Ⓑの毛束とヘアの土台をピンで固定する。

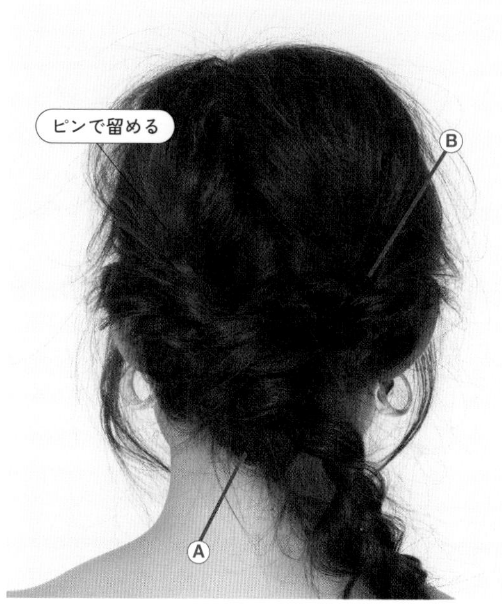




ピンで留める
Ⓑ
Ⓐ

**| POINT |**

ピンは巻き終わりの毛先に対して垂直にピンを挿す。地肌に触ったら巻き上げた部分の中央に向かって横向きに挿していくと、アレンジをしっかりホールドすることができる。

## 7

### ⒶをⒷのくるりんぱの根元へ入れ込み、ピンで留める

残ったⒶを、6と同じようにⒷのくるりんぱの根元に入れ込む。Ⓐの毛束とヘアの土台をピンで固定する。

STYLE

# 16

# あざと可愛さNo.1 お団子アレンジ

普段のヘアやファッションにマンネリを感じていたり、なにか物足りなさを感じているときは、お団子のアレンジに頼りましょう。お団子を取り入れるだけで即座にスタイルに華やぎが加わりますし、さらにくずしをプラスしてあげれば、今っぽい雰囲気に必須な柔らかなニュアンスや抜け感が備わります。

**お団子って、きれいにまとめないといけないってイメージを持っているかもしれませんが、全然そんなことはありません。**ぴょんぴょん飛び出てしまう毛先は後れ毛のような役割を果たしてくれて、色気ポイントに。最近のトレンドからすれば、むしろちょっと雑なくらいの方が今っぽいくらいだし（笑）、モテの大敵である〝だらしなさ〟を感じさせないというのは、非常に大きなメリットだと思います。また、**お団子の丸みを帯びたフォルムは、日本人に多い絶壁をカバーするのにも有効**です。トップからバックにプラスすることで全体のシルエットも丸みを帯び、バランス良く仕上がります。

失敗知らずであか抜けて仕上がるお団子ヘアは、一度トライしてみると、想像以上の満足度の高さに驚くと思います。

# うなじから見える後れ毛は
# 色気たっぷり

STYLE

# 17

# 三つ編みでラフさプラスお団子

シンプルだからこそ計算づくのラフさがマスト。
お団子にまとめる毛束は三つ編みに。
さらに結んでからほぐすことで、ボリュームと
抜け感をプラス。

## 1

### ひとつ結びをする

最初に後ろの髪を耳の上くらいの高さまで持ち上げたら、シンプルにひとつ結びをする。

| POINT |

ゴムを押さえながら爪を使って5㎜くらいの毛束を2㎝間隔で引き出す。その上の段は、下の段で引き出した毛束の間を引き出していき、レンガ状にたゆませていく。

BACK

## 2

### トップ〜後ろをくずす

片手で結び目のゴムを押さえながら、トップ〜後ろをくずしてニュアンスをプラス。

## 3

### 毛束を三つ編みにする

1で結んだ毛束を三つ編みにしていく。ほぐすのである程度ラフでOK。

| POINT |

最初にゴムを少し毛先の方にずらして、ほぐす分のゆとりを作る。毛先側から順番に三つ編みの外側を上方向にていねいに引き出す。ゴムを片手で押さえながら少しずつ！

## 4

### 三つ編みをほぐす

三つ編みをほぐしていって空気感をプラスし、三つ編み全体にボリュームを出す。

## 5

### 三つ編みを巻きつける

1で結んだゴムを軸にして、三つ編みを根元からぐるぐると巻きつけていく。

| POINT |

シンプルだけどこなれ感たっぷり♥　シンプルなのにこなれ感が出るのは、要所でくずしを入れたおかげ。たゆませた毛束が女性らしいニュアンスを呼び込んでいる。

## 6

### 巻き終わりをピンで留める

巻き終わりの毛先を根元に巻き込み、最後にピンで留めたらフィニッシュ。

STYLE

# 18

# 色気爆上げ おフェロお団子

ボリュームのあるエアリーなお団子アレンジは、
女性らしさに加えて“おフェロ”な雰囲気が漂う。
ふんだんに引き出したもみあげやえり足の後れ毛は、
アイロンで動きをプラスすることで、さらにムードが高まる。

1

## 高い位置でひとつ結び

“カッパのお皿” をイメージして、かなり高いポジションでひとつ結びを作る。

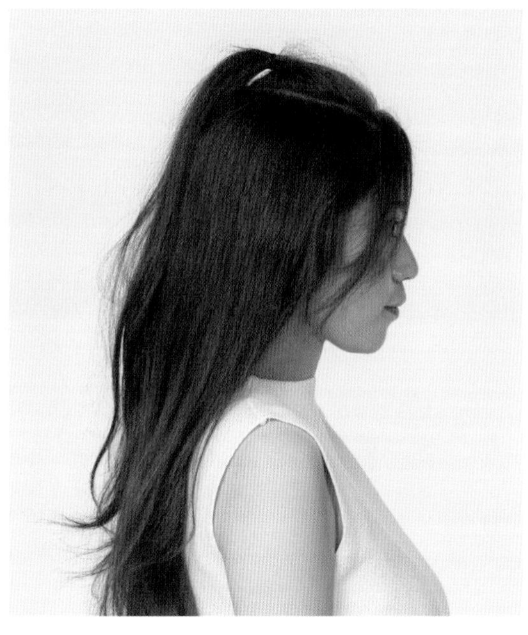

| POINT |

結ぶときは上を向いた状態で。えり足部分がたるまず、ヘアがくずれにくくなる。

2

## サイドと後ろをまとめる

前髪以外のサイドと後ろの髪をまとめて、1の毛束と合わせる。

# 3

## 後れ毛を引き出す

左右のもみあげ、耳の後ろ、えり足の３か所に後れ毛を引き出す。（まとめた後でもOK）

BACK

# 4

## 全体にくずしをプラス

毛束を引き出して空気感をプラス。トップ〜後ろだけでなくゴムの周りをぐるっとくずしていく。

## 5

### 毛束を2つに分けて三つ編みに

毛束をⒶ・Ⓑ２つに取り分けて、それぞれを三つ編みに。毛先は折りたたんでゴムで留める。

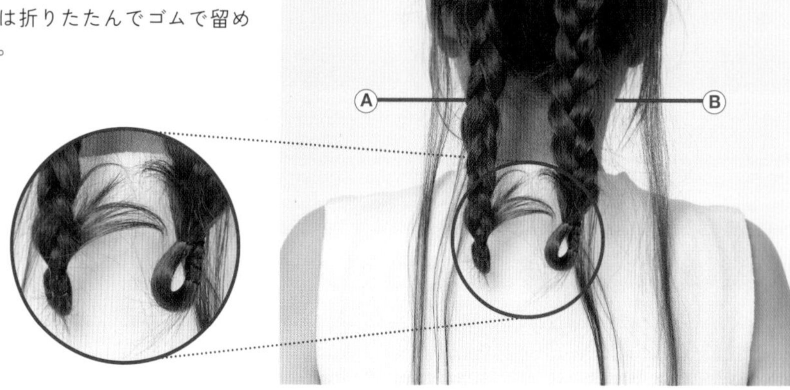




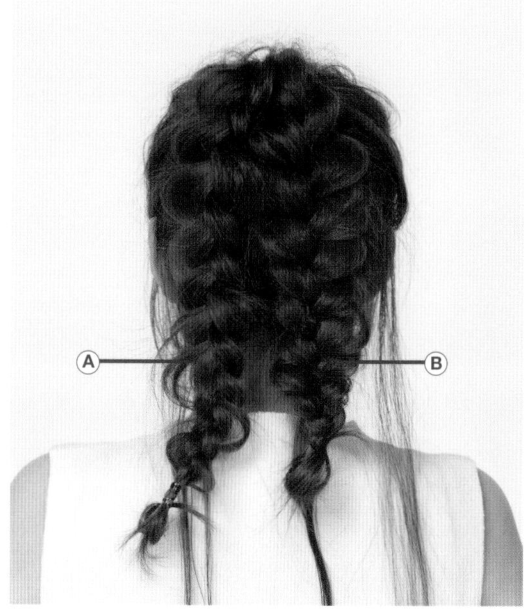


## 6

### 三つ編みをほぐす

三つ編みをほぐしていく。少し多めに引き出すと、より抜け感のある雰囲気に仕上がる。

## 7

### 三つ編みⒶを巻きつける

三つ編みⒶを巻きつける。根元のゴムに対してらせん状になるように巻く。巻き終わりをピン留めする。

## 8

### 三つ編みⒷは逆方向に巻く

三つ編みⒷは、7と逆方向に巻いていく。

## 9

### ピン留めしてほぐす

Ⓑの巻き終わりをピン留めしたら全体をほぐして、よりボリュームのあるシルエットに。

## 10

### アイロンで動きをつけたら完成

3で出した後れ毛にアイロンで動きをつけて、ニュアンスをプラスしたらできあがり。

STYLE

# 19

# さらにあか抜け❤巻き髪テクニック3選

僕はスタイリングにヘアアイロンを使うことを推奨しています。仕上がりのクオリティーがアップするだけでなく、モテに直結する要素を多く得ることができるからです。

まずは先に触れたモテの三大要素である曲線とボリュームとツヤです。**曲線とボリュームによって女性らしさが際立つし、ツヤ感は清潔感を呼び込み、若々しい印象につながります。**

また、巻き髪はトレンドによって日々アップデートしているので、〝欲しい今っぽいニュアンス〟を与えてくれます。今回は3つの巻き髪を紹介しますが、「平内巻き」は清楚で可憐な雰囲気やカジュアルな雰囲気。「リバース巻き」は瞬時に女らしさを感じさせるスタイルです。「韓国風巻き」は、モテあざとい雰囲気とトレンド感を♪

セットにアイロンは確かに面倒です。でも、慣れてしまえばカンタンだし、巻けば気分もアガる。そして、**なにより消費する時間に対する投資効果は抜群だから、やらない手はないんです（笑）。**あなたもアイロンで、モテ髪をアップグレードさせちゃいましょう。

巻き髪で動きを出せば
たちまち可愛い

STYLE

# 20

# お手軽可愛い 平内巻き

その名の通り毛先を内側に巻いているので、
丸みを帯びたまとまりのあるシルエットに。
自然な仕上がりと女性らしい柔らかなニュアンスが魅力で、
実践すれば男女問わず好感度アップ間違いなし！

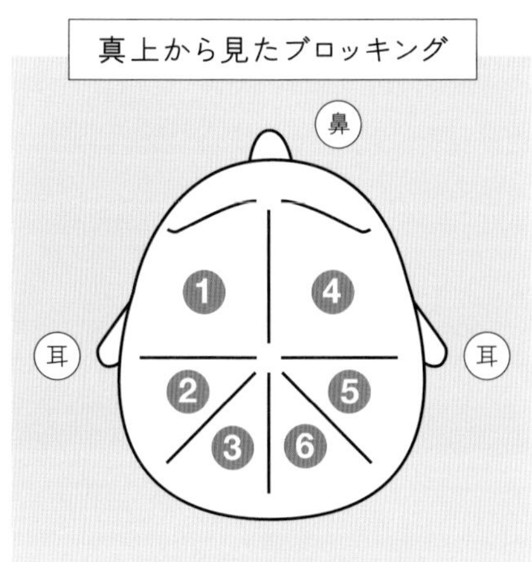


準備するもの

- ダッカール
- ヘアアイロン

1

## ブロッキングする

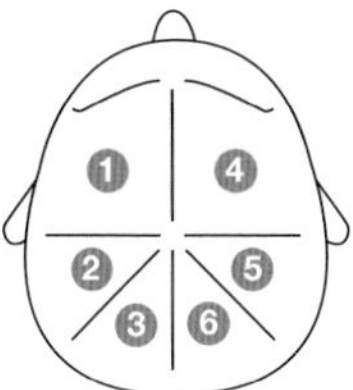

ブロッキング 1

### サイドをブロッキング

サイドの耳前にある毛束を掴んで前に引き出して、ダッカールで留める。

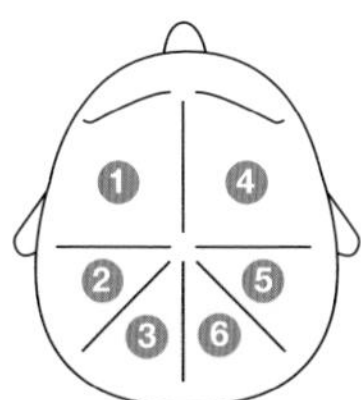

ブロッキング 2

### 後頭部をセンターで分ける

後頭部の髪は、トップから下に線を引くように左右にざっくりと分けてダッカールで留める。

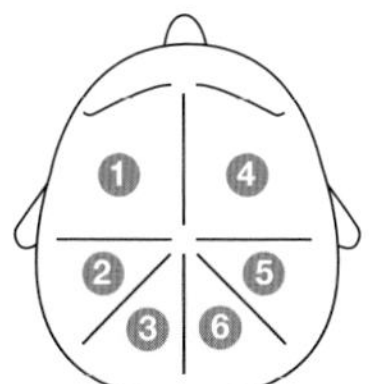

ブロッキング 3

### 2で分けた毛束をさらに2つに分ける

2で取り分けた毛束を2つに分ける。これを逆のサイドも同様に行う。

## 2

### アイロンを床と平行に持って顔側から髪に差し込んでいく

ブロック1の毛先を手で持ち、毛先から1/3くらいの位置をアイロンではさみ、手首ごと内側に半回転させる。アイロンは、レバーを外側にして顔側からヘッドを差し込む。

| POINT |

ヘアアイロンは太さにバリエーションがあり、髪の長さによってそれぞれ最適なサイズがある。ショートボブ：26㎜、ミディアム：26㎜か32㎜、ロング：32㎜か38㎜。

## 3

### 反対の手をヘッドに、添えて毛先までアイロンをすべらせる

2のままアイロンをななめ前に引っ張るようにすべらせる。毛先まできたらストップ。

## 4

### 毛先で内側に一回転させて3秒間キープする

毛先をアイロンではさみ、内側に一回転させる。巻いた状態で、そのまま3秒間キープしてから外す。

## 5

### ブロッキングした他のパートも同様に巻く

他のパートも同様に巻いていく。ワックスをもみ込んでスタイリングしたら完成。

| POINT |

内巻きは毛先を内側（上から下に巻き下ろす）に巻き込む方法。巻いたときに毛先と手首が外側を向いていたら間違いなので、巻く際に必ずチェックする。巻きにくい後ろの髪は、体ごと横を向きながら手首を内側に回転させて巻くとやりやすい。

### ヘアアイロンの2大ポイント

[ POINT 1 ]

#### 1か所3～5秒以内

ケアアイロンを同じ場所に長く当てていると髪を傷める原因になります。なので基本的には3秒くらい、長くても5秒以内を守って！

[ POINT 2 ]

#### 髪は乾いた状態で巻く

濡れた状態で巻くと、「ジュー」という音がしますが、これは水蒸気爆発という髪の毛の悲鳴。どんなに健康な髪の毛でも確実に傷んでしまう原因になるので、必ず乾いた状態で巻くように！

STYLE

# 21

# 一気に華やぐ
# リバース巻き

弾力のあるボリューム感と華やかさを感じさせるリバース巻き。
フォルムにメリハリをつけたり、動きをプラスするだけでなく、
後れ毛に動きを足すディテールメイクにも使える巻き方なので、
ぜひマスターして！

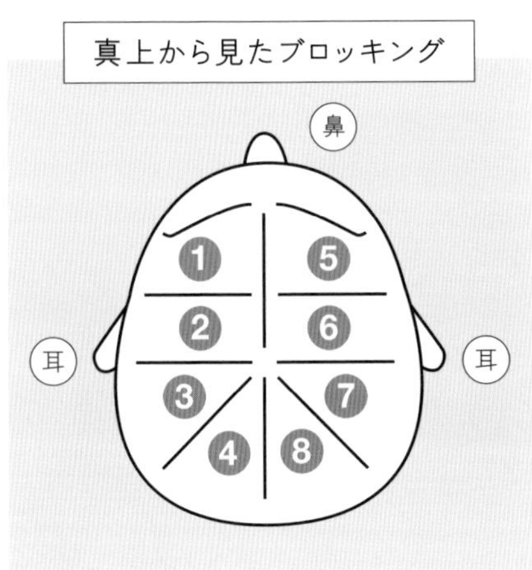


準備するもの

・ダッカール

・ヘアアイロン

1

## ブロッキングする

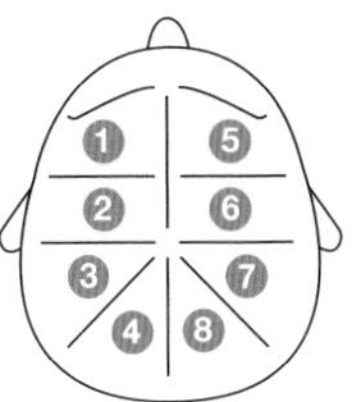

ブロッキング 1

### サイドをブロッキング

耳前にある髪を取り分けて、その毛束を2等分にする。
分けたらダッカールで留める。

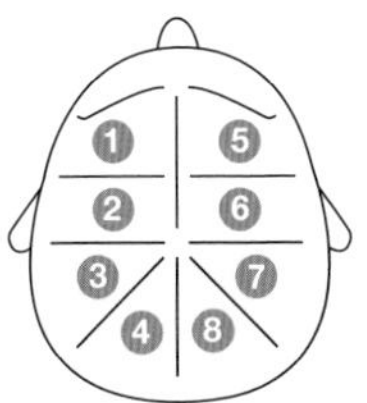

ブロッキング 2

### 後頭部をセンターで分ける

後頭部の髪は、トップから下に線を引くように
左右にざっくりと分けてダッカールで留める。

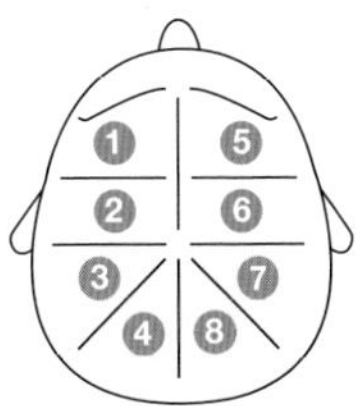

ブロッキング 3

### 2で分けた毛束をさらに2つに分ける

2で取り分けた毛束を2つに分ける。
これを逆のサイドも同様に行う。

## 2

### 耳前の髪を<br>やや前に引き出す

レバー部分を内側にして、ブロック❶と❷をやや前に引き出して、毛先から1/3くらいの位置で縦にはさみ、ややアイロンを前に倒して毛先7㎝を残したあたりまですべらせたら、外側に一回転。

## 3

### アイロンを<br>毛先まで運んで一回転

反対の手をアイロンのヘッド部分に添えて毛先まですべらせる。毛先まできたら、下に向くように一回転させる。

# 4

## 後ろの髪を巻いていく

ブロック❸と❹は、まずななめ下に髪を引き出して毛先から1/3くらいの位置にアイロンを下から縦に入れる。少し横に倒して7㎝を残したあたりまですべらせて後ろへ一回転。毛先までアイロンをすべらせて、毛先にきたらさらに後ろ方向に一回転させる。

| POINT |

リバース巻きを作るには、アイロンは縦に入れて後ろ方向に巻く。アイロンが横向きになると平巻きになるので注意。

# 5

## 逆サイドのパートも同様に巻く

逆サイドも同様に巻いていく。髪が冷めたら手ぐしを通しながらカールをややくずし、仕上げにカールキープスプレーを使うと動きをしっかりとホールドできる。

STYLE

# 22

# 大人気！<br>韓国風巻き

韓国の女優やK-POPアイドルに多いくびれのあるシルエット。
トレンド感満点の雰囲気を作り出しているのは、内巻きと外巻きを
交互に巻いたアイロン使いの合わせ技。一見難しそうだけれど
やってみるとすごいカンタン！

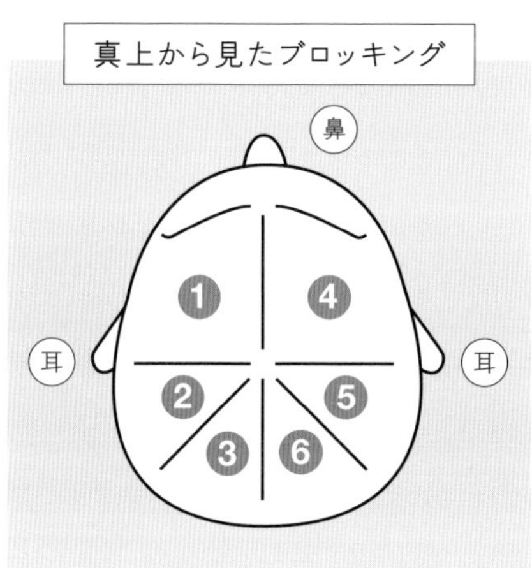


**準備するもの**

- ・ダッカール
- ・ヘアアイロン

1

## ブロッキングする

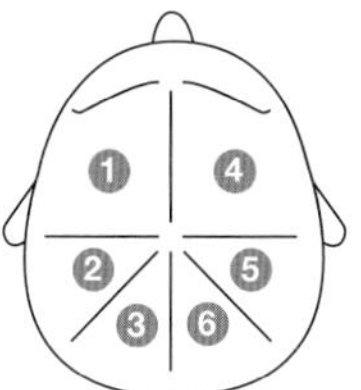

ブロッキング 1

### サイドをブロッキング

サイドの耳前にある毛束を掴んで前に引き出して、ダッカールで留める。

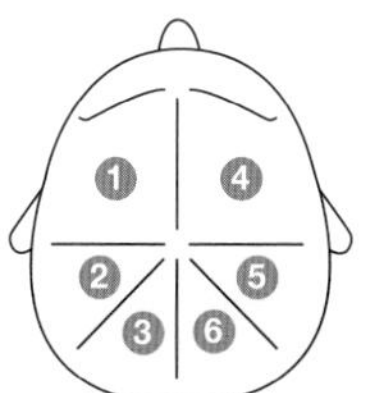

ブロッキング 2

### 後頭部をセンターで分ける

後頭部の髪は、トップから下に線を引くように左右にざっくりと分けてダッカールで留める。

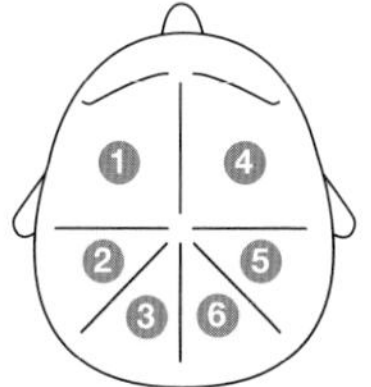

ブロッキング 3

### 2で分けた毛束をさらに2つに分ける

2で取り分けた毛束を２つに分ける。
これを逆のサイドも同様に行う。

## 2 アイロンを床と平行に持って顔側から髪に差し込む

ブロック❶の毛先を引き出して、毛先から1/3くらいの位置をアイロンではさんで手首ごと内側に半回転させる。アイロンは、レバーを外側にしてヘッドを真横に差し込む。

## 3 反対の手をヘッドに、添えて毛先までアイロンをすべらせる

2のままアイロンを真下に引っ張るようにすべらせる。毛先まできたら一度ストップして、３秒キープしたらアイロンを外す。

## 内巻きカールのすぐ上を外巻きにする

2と3で作った内巻きカールのすぐ上にアイロンを入れて半回転の外巻きに。“S” のようなくびれたウェーブを作る。

## 5

### 外巻きのさらに上をゆるい内巻きにする

4の外巻きのさらに上を内巻きにする。ここはカールが強すぎると全体が広がってしまうので、一番ゆるいカールになるように他のブロックも同様に巻く。

内巻き

外巻き

内巻き

**| POINT |**

上から内巻き→外巻き→内巻きとゆるいウェーブを作っていくことで、韓国風のくびれのあるシルエットに。トレンド上手な印象を与えるとともに、小顔効果も期待できる！

## 6

### くびれができていれば完成

少し難しい巻き方だけれど、写真のようにくびれができていればOK。このくびれが今っぽさを演出してくれる。

# Chapter 02

# あか抜けルーティン ～ヘアケア&モテ格言&モテ髪診断～

ここからは、あか抜けに必要な美髪になれる方法や
ルーティンを紹介します。
まずは何気なく選んでいるシャンプーやトリートメント、
もはや必須になっているオイルの選び方など
美髪に欠かせないアイテムを紹介。
そして、内面からあか抜けるための『モテ格言』、
自分に似合うものや自分の性格・恋愛傾向なんかも知ることのできる
オリジナルの『モテ髪診断』も掲載。
ヘアアレンジと一緒に内面からもモテを目指しましょう！

STYLE

# 23

## 髪のツヤには、「水素」が効果的

ツヤがある、ただそれだけで美人度はアップします。
そしてツヤは、若々しさや瑞々しさも感じさせてくれる
大事なツール。

CHECK 1

## 酸化＝乾燥＝老化
## この悪循環が白髪や薄毛の原因に

あらゆるメディアで、女性の髪の悩みがランキング形式で発表される際、その上位に必ずと言っていいほど〝クセ毛〟、〝白髪〟、〝薄毛〟の3つが挙がります。この本を手に取ってくださった読者のみなさんも、いずれかのお悩みに身に覚えはありませんか？

クセ毛については、〝広がり〟とか〝うねり〟というワードで表現されることもありますが、これらはだいたい遺伝などによる先天的なもので、時代を超えて多く見られる女性の髪の悩みです。一方、白髪と薄毛が上位にランキングされているのは、ここ30年くらい。実は昔からあるものではないんです。では、**この30年前を境に女性のヘアになにが起きたのか。答えはヘアカラーの流行です。**

それまでのトレンドは、〝聖子ちゃんカット〟や〝ソバージュ〟などに象徴されるような、パーマやブローで作る髪の動きによるものでした。それが、90年代に入ってからヘアカラーが流行りだし、次第に髪を染めるということがスタンダードになりました。

すでにお気づきとは思いますが、**実は、白髪や薄毛といった髪の悩みは、このヘアカラーが大きく関係しているんです。**

CHECK 2

# 多い人は月イチのヘアカラーが酸化の原因!?

なぜヘアカラーが白髪や薄毛などのトラブルを引き起こす元となってしまうのか。その原因は、ヘアカラーをすることで髪が酸化してしまうから。では、髪の毛が酸化するというのはどういう状態なのかというと、わかりやすく言えば髪の内部が乾燥している状態のことを指します。そして、髪が乾燥してパサついた状態が続くことで髪の老化を促し、結果的に白髪や薄毛へとつながります。実は、〝髪のダメージ〟という言葉や〝髪が傷む〟という感覚が生まれたのも、ヘアカラーが世間に浸透したここ30年の間での出来事なんです。

そのダメージをケアするために登場したのがトリートメント。油分をコーティングして髪の手触りを良くするもので、これで髪のダメージを修復するというイメージを持っている方も多いと思います。でも実はこれ、間違いなんです。

トリートメントはメイクに例えるとファンデーション的な立ち位置。**外側をコーティングして手触りが良くなっても、髪の内部が乾燥したままでは本質的な改善にはなりません。本当に必要なのは髪内部に水分を補う化粧水のようなもの。それが水素なんです。**

CHECK 3

## 髪の内部を改善させるケアが必要

水素は高い抗酸化力を持ち、また体内の酸化を促す悪玉活性酸素と結合して体に無害な水に変える性質があります。また、宇宙で一番小さい分子という特徴を持っています。普通の水では、分子量が大きすぎて髪に入れることはできないのですが、水素なら髪内部や頭皮に深く浸透。効率よく抗酸化作用を発揮し、白髪や薄毛を抑制する効果が期待できます。一方で小さい分、抜けやすいという側面もあるのですが、ここ数年で抜け出ないようにカプセルに閉じ込めるなどの技術の進化もあり、より安心して使えるようになりました。ちなみに、僕のサロンでもこの技術による水素の粉末をカラー剤に混ぜて施術をしています。活性酸素と水素が結合し水分として髪内部にい続けるので、ヘアカラーを楽しみながら髪の芯から潤いをもたらすことができます。

美容業界では目下〝ツヤ髪ブーム〟ですが、**髪本来のツヤとは中から輝くもの。水分で満たされている健康的な状態を維持することが大切です。**常に自由なヘアスタイルやヘアアレンジを楽しむためにも、ぜひ日常のケアに水素を取り入れてみてください。

STYLE

# 24

# 髪のコンディションを左右するシャンプーの選び方

シャンプーは１日のルーティンの中で１度や２度は必ず使うもの。そして、なにを使うかによって髪のコンディションを左右するくらい、髪にとって大事なものでもあります。あくまで主観ですが、髪内部の水分を維持して健康的な状態さえキープすることができれば、上からコーティングするトリートメントは正直なんでもいいと思えるくらい、シャンプー選びは大事だと思っています。

シャンプーには、“弱酸性”“中性”“アルカリ性”の３種類があります。バージン毛で頭皮にトラブルのない方は、基本的にどれを使っても大きく変わりません。しかし、一度でもカラーやパーマの施術をしたことがある人が選ぶべきは、“弱酸性”の一択です。

弱酸性のシャンプーは、洗浄力がマイルドな上にph値が肌に近いので、髪にも頭皮にも優しいのが特徴です。また、開いたキューティクルを閉じる効果があるので、髪内部の水分や栄養が流出するのを防ぎ、髪のパサつきなどをセーブしてくれます。

ただし、市販のシャンプーは中性やアルカリ性のものが多いので、ヘアサロンで相談して弱酸性のものを選ぶのが確実です。

CHECK 4

## 洗浄成分に注目！ 選んで欲しい成分はこれ

弱酸性のシャンプーに狙いを定めたら、もう1つ**目安にして欲しいのが〝洗浄成分〟です。**専門用語みたいなワードが並んでいると「難しそう」と思いがちですが、とてもカンタンなので大丈夫です。

まず、パッケージの裏側の成分表示を見てもらって、成分の頭に**〝カルボン酸系〟〝タウリン系〟〝アミノ酸系〟〝両性イオン系〟と記載されているものを選びましょう。**

カルボン酸系とタウリン系は、さっぱりとした洗浄力で低刺激。特にタウリン系は、髪の毛の成分に由来していて、特に刺激が少ない洗浄成分です。アミノ酸系は、低刺激で髪に優しく、しっとりとした洗い上がり。両性イオン系は、アミノ酸系よりもさらに低刺激でしっとりとした使用感。保湿力が高いのが特徴です。**まずは、カルボン酸系かタウリン系のものから試して、さらにしっとり感が欲しいと思ったらアミノ酸系か両性イオン系を使ってみましょう。**

刺激が強くダメージの原因となる成分もあって、それは〝ラウリル硫酸Na〟と〝ラウレス硫酸Na〟です。この2つは、洗浄力が非常に強く、肌への刺激も強い。残留性も高いので注意しましょう。

STYLE

# 25

# 毎日使って欲しい！絶対必要トリートメント

常にきれいな髪をキープしたければ、やはりトリートメントによるホームケアは大事。乾燥した外気や紫外線にさらされた髪を、おうち時間でどれだけいたわることができるかが、美髪への近道になると言っても過言ではありません。トリートメントには、シャンプーをした後に使う洗い流すタイプの“インバストリートメント”と、お風呂上がりの髪に使う洗い流さないタイプの“アウトバストリートメント”の２種類があります。まずは、それぞれの役割の違いを改めて整理してみましょう。

インバストリートメントは、今あるダメージの進行をセーブして、はがれかけたキューティクルを補修するもの。アウトバストリートメントは、紫外線や熱によるダメージや乾燥などから守る働きがあります。基本的にどちらも髪の状態を治癒するものではないということは理解しておきましょう。どちらも自分に合うものを見つけるには、髪質から選ぶことがポイント。髪が硬く広がりやすい人はしっとりタイプのもの、髪が柔らかくボリュームが出ないという人はサラサラした軽い質感のものを選ぶと良いでしょう。

CHECK 5

# トリートメントの賢い選び方&使い方

インバストリートメントに関しては、市販のものを使っているのであれば、一般的には2〜3日に1回の使用を推奨していますが、カラーやパーマを繰り返している現代人の髪のダメージを考慮すれば、**実は毎日使うのが正解なんです。**むしろ毎日使っても追いつかないくらいと思えるほど。加えてお風呂上がりにブローする際は、ヘアオイルやヘアミルクをはじめとしたアウトバストリートメントを必ず使って欲しいところです。**市販のトリートメントは髪に悪いものというわけではありませんが、実際の効果は非常に薄く、**自分にできることはひと通りやっておいた方がいいと思います。

トリートメントを選ぶのに、価格も判断基準になると思いますので、僕なりの目安をお伝えしますね。原材料などを加味して、**目安として300〜500ml入りで3000円以上**すれば、それは結構いいものという可能性が高いです。付け加えると、パッケージが簡素で派手なコマーシャルなどを打っていなければ、その分を商品に注力できていることになるので、さらにいいと思います（笑）。

STYLE

# 26

# ドライヤーやアイロンの熱から守ってくれるオイル

**モテ髪師 大悟プロデュース**
**LADY ヒートプロテクトオイル**
120ml 3,300円／有限会社クローバー

熱によるダメージで流出したセラミドを補いながら、
同時に熱による反応で毛髪を補修。
ブロー前になじませると髪がサラサラに。

CHECK 6

## 成分表示に「γ（ガンマ）ドコサラクトン」と書かれているものがおすすめ

前項でも話しましたが、毎日シャンプー後にトリートメントをしていたとしても、ブローの際にはアウトバストリートメントを使用することをおすすめします。特におやすみ前のナイトルーティンには、さらっとした質感のヘアオイルが最適です。ヘアオイルについてもやはり大事なのは、**成分としてどんなものがどれだけ配合されているか**ということに尽きると思います。今、僕がおすすめしたいのが、**「γ（ガンマ）ドコサラクトン」**という成分です。

γ（ガンマ）ドコサラクトンは、植物由来の毛髪アンチエイジング素材として知られていて、髪の毛のキューティクルを補修する作用があり、髪のハリコシの改善を強化しながら髪のコンディションをいい状態へ導いてくれる効果があります。60℃以上の温度で髪の毛そのものの強度が高まるので、**ドライヤーやヘアアイロンなどを使用した際の熱から守ってくれる**という嬉しい成分です。実は、僕がプロデュースしている『LADY』というブランドのヘアオイルにも入っています。ヘアオイルに関しては、このγ（ガンマ）ドコサラクトン配合のものを選んでもらえれば、ほぼ間違いないと思います。

STYLE

# 27

# ツヤ髪を作る 3つのルーティン

紹介する3つのルーティンで、
ツヤ髪はカンタンに作ることができます。
ツヤのあるなしで印象が変わるのでマスターしてください！

ルーティン1

## 波平ゾーンの頭皮マッサージ

しっかりと手入れが行き届いたツヤのある髪は、それだけで好印象。若々しい見た目も維持できるなど、得られるメリットは多岐に渡ります。今、そんな髪のツヤが注目されて、世間では〝ツヤ髪ブーム〟真っ只中。ただ、「ツヤってどうやって出すの？」って人は多いはず。そこで、僕が推しているツヤ髪を作る習慣を3つ紹介します。

**1つ目のルーティンは、頭皮マッサージ。**ツヤ髪って、髪が健康であってこそ。その部分を突き詰めていくと血流を良くすることに行き着くんです。**ポイントは〝波平さんゾーン〟です。**サザエさんに出てくる波平さんの髪が残っているところって、筋肉が集まっているところでもあるんです。そこを指の腹で押したり、頭をはさむように手のひらで押したりして、上へ流すようにマッサージすることで頭皮の血行が良くなり、頭皮自体も柔らかくなります。お風呂に入っているときや髪を洗うとき、あるいはお風呂上がりにオイルなどをなじませる際などに2～3分。〝ついで〟や〝ながら〟で行うだけでも十分に効果的です。長期間行うことで効果も増すので、根気強く続けましょう。

ルーティン2

# びっくりするくらい髪がまとまる魔法の手ぐし

サロン帰りの髪ってツヤツヤでサラサラ。できればその状態をずっとキープしていたいものですが、日々のケアではそれが難しい。その違いはブローに秘密があるんです。美容師とそうでない人ではブローの仕方に圧倒的な違いがあります。意外と気づかない人が多いんですが、**手ぐしを入れる回数です。**実はブローする際に**手ぐしを入れれば入れるほど髪がまとまってツヤが出るんです。**今度サロンへ行ったときに注意して見ていてください。仕上げで何回も何回も手ぐしを入れているはず。面倒だし、手が熱いし、飽きちゃうんですが（笑）、だまされたと思ってやってみてください。

写真のようにドライヤーで乾かすときに、内側から指を入れて毛先にすべらせます。繰り返せば繰り返すほどまとまりとツヤが手に入るのでおすすめです。

ルーティン3

## 毎日寝ている枕に注目！ 意外な原因！ 枕の摩擦

摩擦はキューティクルがはがれる原因にもなる髪の天敵です。いかに摩擦を抑えて保湿するかが、サロン帰りの質をキープする要とも言われているくらいです。**その摩擦って、実は寝ている間に一番起きています。**そこで今注目されているのが〝最後のヘアケア〟とも言われるシルクの枕カバー。シルクって乾燥と摩擦によるダメージから髪を守ってくれるので、毎日寝ている間にケアができると思えば、投資価値は十分あると思います。



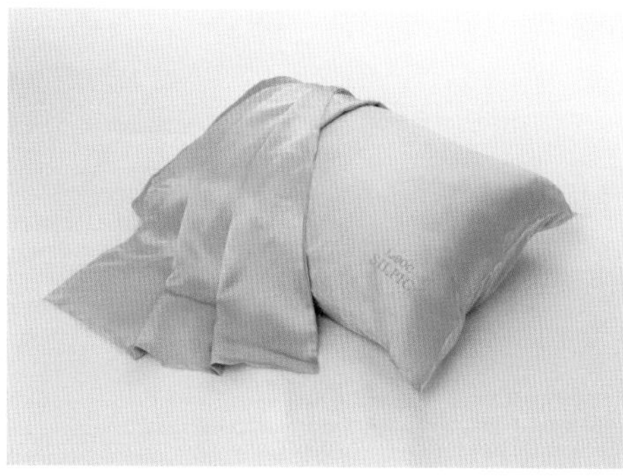


**LaBOC SILPIC**

髪質改善美容師監修bo高級シルク枕カバー。寝ている間の摩擦を軽減することに着目し、厳選された素材と織りにこだわった商品。寝起きの髪のまとまりとシルクの潤いをぜひ感じてください！

16,500円／株式会社airchair／問合せ先：株式会社　Teg 木村悟／TEL080-4332-2717

STYLE

# 28

モテ格言 1

## ツヤがあるだけで魅力的！なにより意識して欲しいのがツヤ

僕自身、美ってツヤだと思っています。髪や肌はもちろん、洋服やあらゆる持ち物にいたるまで……、ツヤのある人って、いつどこにいても素敵に映ります。男性も、女性を目の前にしたときに無意識に見ているのは実はツヤ。髪のツヤや肌のツヤ、あるいは目のツヤなどのトータルなバランスで、「あ、この人いいな」とか「可愛いな」って見てる。つまり、男性が女性に好意を持つときって、無意識にその人が持つツヤに心を揺さぶられているんです。女性はそのことに気づいて、普段からツヤについてもっと意識して欲しい。

また、サロンワークやプライベートを問わず、僕が素敵だなって思う女性はとりわけ体の先端のツヤにこだわってる。髪の毛先や爪の先、さらには膝やひじにいたるまで、そういう先端部分のすべてがキレイなんですよね。そういう人たちに会うたびに、美のオーラって先端から発するものだって実感します。

ただ、ツヤってそのままにしていたら、その輝きは薄れていきますよね。それは女性もまた然り。だから常に自分をアップデートして、磨き続ける必要があるんです。

STYLE

# 29

モテ格言 2

## 毛先20cm切るより前髪1cm切る方が印象激変

セルフカットの項でも言いましたが、女性の髪型は前髪と顔まわりのニュアンスで9割が決まります。特に前髪は、その人の第一印象を左右すると言われているほど。つまり、カットをしてもっとも印象に変化が出るのも前髪ということになります。

僕もサロンワークや多くのヘアスタイルの提案を通して実感していることですが、前髪を１cm切るということは、毛先を20cm切るのと同等のインパクトがある。むしろ、カットしたあとに気づかれやすいのは圧倒的に前髪１cmの方。そして、この変化に気づいてもらうということはすごく大事で、モテへの道しるべとなります。

もし、あなたが気になっている男性と会う約束をしていて、その前に髪を切りにいくとします。仮に「ちょっと伸びちゃったから」くらいの気持ちで美容室を予約したとしても、そこには大なり小なりある好意や敬意があるはず。男性は変化に対して一目を置く習性があるので、そこに気づいてもらわなければ絶対に損！　だからこそ、そんなときにまず変えるべきは前髪なんです。

そう、あざと可愛いって切る前の段階から始まっているんです。

STYLE

# 30

モテ格言 3

## くずし＝隙＝親近感
## あか抜けに必須なくずしが
## モテを呼び込む

くずしは本書のテーマの1つといえるくらい、この一冊を通して重要な要素です。なぜ重要かというと、トップや後ろの毛束を引き出してたゆませたり、三つ編みやくるりんぱをほぐしたりすることで、今っぽいヘアスタイルにマストな〝抜け感〟や〝こなれ感〟などが得られるからです。つまり、おしゃれで可愛くなりたい女性の欲しい雰囲気が、くずしのひと手間によってほぼ全部手に入るんです。

そしてもう1つ、くずしによって〝隙〟を作ることができます。まず前置きしておきますが、〝隙がある〟ということは〝軽い〟という意味ではありません。〝完璧ではない〟と言えばイメージしやすいでしょうか。大人の女性であれば、髪型に限らず少しの隙があるくらいの方が余裕を感じさせるし、人としてより魅力的に映ります。

では、その隙とはなにか。その本質は親近感だと思っています。隙があることで生まれる自然体で親しみやすい印象は、周りに多くの人を呼び込みます。人間関係を円滑にするのにも効果的だし、さらに男女問わずモテを引き寄せる。あっていいことしかありません。今や、現代を生きるために必要なスキルだと思っています。

STYLE

# 31

モテ格言 4

## 男性が後れ毛に絶大な色気を感じる理由

後れ毛を出す場所は、もみあげ、こめかみ、耳の後ろ、えり足の4か所に限られますが、どこかにひと束出ているだけでも、後れ毛がまったくない〝ひっつめ髪〟と比べると引き出される色気は格段に違います。また、後れ毛を顔まわりに遊ばせれば、顔の余白感を引き締めて小顔効果だって狙うことができます。実は後れ毛って、女性にとってうれしいことづくめの万能なディテールなんです。

だから、この本を手に取ってくれた読者のみなさんには、これを機に後れ毛の出し方をぜひマスターして欲しいと思います。

そもそも、後れ毛がなぜ色気を感じさせるかを考えてみたんですが、そのルーツは〝乱れ髪〟からきているんじゃないかと考えています。昔から乱れ髪ってセクシーじゃないですか（笑）。その乱れる一歩手前でとどめるところに品格が備わったものなんじゃないかと。

真相はいまだ闇の中ですが……、後れ毛は同様に本書においても欠かせないものです。繊細に重なり合いながら揺れ落ちる、ニュアンスに満ちた後れ毛の動きは〝女性らしさ〟というよりも、たっぷりの色気を備えた〝女っぽさ〟を漂わせます。

STYLE

# 32

モテ格言 5

## 髪は“神の気”。魂が宿る髪をスタイリングすることは魂を整えること

よくセミナーなどで髪の毛について話すんですが、髪の毛って、〝神の気〟とも言われていて神聖なものとして扱われている。その証拠に、インディアンが長髪なのは髪を切ると第六感がなくなるからと言われているし、フラダンスをしている人たちにも「髪にはマナ（霊力）が宿る」という言い伝えあるそうです。日本にも髪にまつわる多くの言い伝えがあるほど。

このことからも、髪は神であるって考え方が、国境を越えて存在しています。だからこそ、僕自身も大事に扱わないといけないと思っています。

〝毛流れ〟に関しても〝気流れ〟と言い換えることができると思います。だから、もし嫌なことがあったり、「最近、いいことないな」って思ったら、例えば髪の分け目を変えてみるとか、この本を見てアレンジを頑張ってみるとか（笑）、ちょっと変えてみるだけでも気の流れが変わって日常がいい方向に進むかもしれません。

スタイリングのことを整髪と言いますが、ここでの文脈で言えば、〝魂を整える〟行為です。髪が決まると、その日のモチベーションが上がるのは、きっとそういうことなんだと思います。

“自分に似合う髪型”を心得ておくことはとても大事。でも、30歳を超えたらそれと同じくらい“自分がなりたい髪型”にも目を向けてあげて欲しいと思います。もちろん、美容室でカットした新しい髪型が似合っているに越したことはありませんが、収まりよくなじんでいるという考え方もできます。そして個性の時代において、それは世の中にもなじむ、つまり埋もれてしまうことを意味します。

　あなたがちゃんと自分の骨格や髪質を熟知して、似合うものを理解しているのであれば、むしろ自分がなりたい方向へと舵を切っても大丈夫。もしそれが似合わない要素を含んでいたとしても、それを個性に変えるだけの度量の大きさを持っているはず。

　違和感を個性に変えるということも、大人の女性のたしなみ。今、おしゃれと言われている芸能人やモデル、インフルエンサーたちは、この部分をすごく上手にセルフプロデュースしています。

　もちろん「まだ自分の似合うものがわからない」という人も大丈夫。次のページから始まる『モテ髪診断』を参考にしてみてください。自分のことをよく知れば、もっと自分が好きになるはずです！



モテ格言 6

## 似合う髪型と似合わない髪型そしてなりたい髪型

STYLE
# 33

STYLE

# 34

# モテ髪診断で自分のタイプを知ろう！

6つのステップからあなたのモテ髪タイプを診断します。
診断では、性格や恋愛傾向や魅力、そしてモテるためのワンポイント
アドバイスや骨格タイプ別のアレンジのポイントなども紹介！

## モテ髪診断 6つのステップ

STEP 01 ― なりたい自分をイメージする

STEP 02 ― 人差し指と薬指の長さを比べる

STEP 03 ― 顔型を見る

STEP 04 ― モテタイプの決定

STEP 05 ― 骨格診断

STEP 06 ― 魅せ顔で分け目を決める

# STEP 01 — なりたい自分をイメージする

まずは、「なりたい自分」を想像してみてください。
そして、「誰から」「どう見られたいか」も。
なりたい自分を意識することで、
自分の内面と向かい合うことが第一歩なのです。

STEP

# 02 人差し指と薬指の長さを比べる

次は、左手の人差し指と薬指の長さを比べます。
どちらの指が長いかで、
モテ気質の「色気系のタイトドレスタイプ」か
「清楚系のフリルドレスタイプ」かが決まります。

**計測方法**

手のひら側の指の付け根から長さを測る。付け根の位置が違うので指同士を比べても正確に測れないので、定規などを使って計測を。

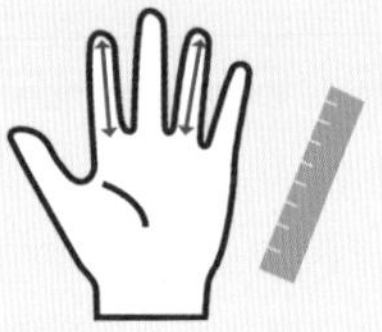

**薬指が長い**

**色気系**

**タイトドレス**

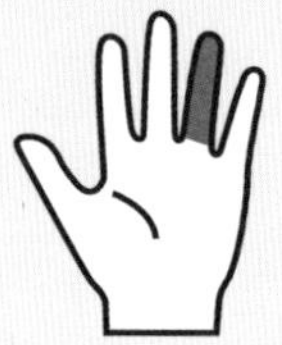

男性ホルモン（テストステロン）を浴びてきたタイプで、「エレガントさ」や「色気」という言葉が似合うタイプ。髪型や服装でも色気を感じさせるものが似合う。コミュニケーション能力が高く、親しみやすい雰囲気。
男性的な考え方をするので男性の考えを理解しやすい傾向も。

**人差し指が長い・**
**人差し指と薬指の長さが同じ**

**清楚系**

**フリルドレス**

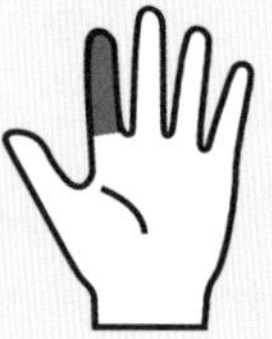

女性ホルモン（エストロゲン）を浴びてきたタイプで、「清楚」や「癒し系」という言葉が似合うタイプ。上品で、凛とした印象が漂う。考え方や行動も女性らしく、少し控えめで前に出るのは不得意で目立つのも苦手。慎重なので、信頼関係ができないと心を開かない。でも一度信頼関係ができると一途で尽くす。

# STEP 03 顔型を見る

ここでは、自分の顔の形を見ます。前ページの結果と組み合わせるとモテタイプが判明します。
前髪がある人はおでこを出して確認を。また逆三角形の人は「目と目の位置」に注意が必要で、目が離れていると「ミニドレスタイプ」になります。

**可愛い系　ミニドレスタイプ**

逆三角形（目と目が離れている）　エラ張り　丸顔

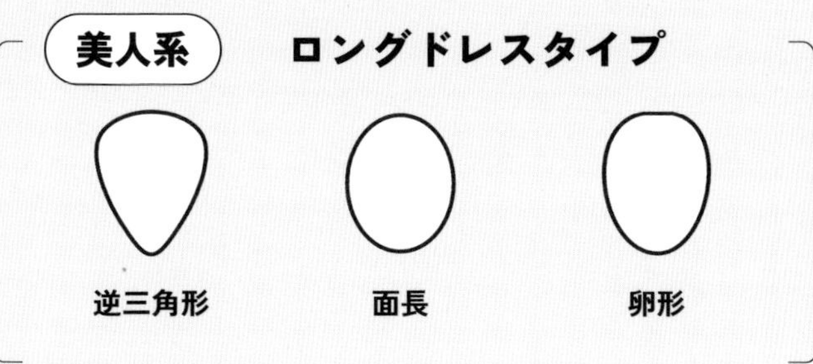


**STEP1とSTEP2の結果でモテタイプ決定！**

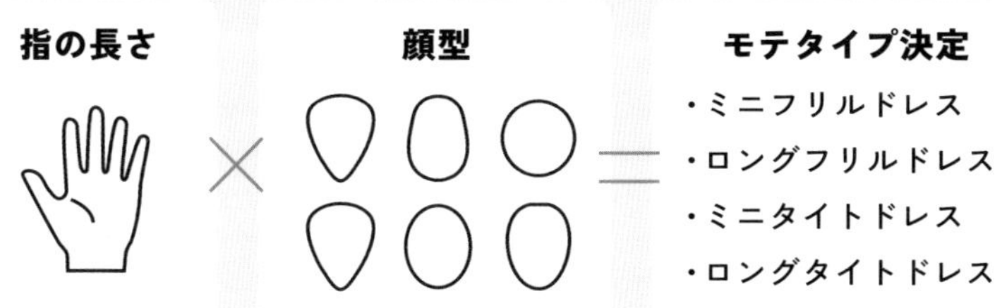

2と3の結果の組み合わせでモテタイプが診断できます。
例えば、薬指が長くて丸顔の人は「ミニタイトドレスタイプ」です。

清楚系

人差し指が長い・
人差し指と薬指の長さが同じ

清楚系 × 可愛い系

## ミニフリルドレスタイプ

Mini Frill Dress

可愛らしくて、愛嬌があるキュートなタイプ。でも、内面的には心が強くて、なかなか頑固だったりするタイプ。そしてかなりの心配性で、人からどう見られているかを常に気にしてしまう面も。恋愛面では、一途で受け身な体質。刺激的な男性は求めず平和な恋愛を好む。モテる秘訣は、「常に笑顔」。透明感があり清楚なタイプなので、ニコニコするだけで周りからの評価はうなぎ上り☆

清楚系 × 美人系

## ロングフリルドレスタイプ

Long Frill Dress

大人っぽさと清楚さを兼ね備えたタイプ。なかなかガードが堅くて、人見知りすることもしばしば。話すよりは、聞き役に回ることが多いが、信頼関係が構築できると一気に距離が縮まるのも特徴。サバサバした一面もあり、同性受けは◎。人見知りするので恋愛のハードルはなかなか高いが、慣れると一気に距離が縮まる。モテるためには、人の話に乗ってみること。その場の雰囲気やノリに少しだけ合わせてみて♪

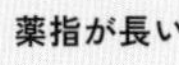


可愛い系

逆三角形
（目と目が離れている）

エラ張り

丸顔

## 色気系 × 可愛い系
# ミニタイトドレスタイプ

Mini Tight Dress

色気と可愛さがあるタイプで、年齢不詳な人が多いのがこのタイプ。派手で目立つ雰囲気なので、積極的な肉食系に見られがちだが、実は奥手で受け身。そして押しに弱くて頼まれたら断れないことも多々ある。負けず嫌いの一面があり、甘え下手なので一人で頑張って自爆することも。恋愛面ではリーダータイプの目立つ人に惹かれやすく、何かと尽くしてしまいがち。モテるためには、頑なにならずに、程よく甘えること！

美人系

逆三角形

面長

卵形

## 色気系 × 美人系

Long Tight Dress

大人の色気が漂うセクシーなタイプ。目立つタイプだけど、いまいち自分に自信が持てなくて恥ずかしがりやな一面も。男性受けはいいが、言い寄ってくる男には興味が持てないことがしばしば。またクールで近寄りがたい雰囲気もあり高頻度で「怒ってる？」と聞かれることも。恋愛は追いたいタイプで、でも追った相手とはうまくいきにくいことも。モテる秘訣は、自分の色気を認識して活かすこと！

STEP

# 05

# 骨格診断

お次は、首、肩まわり、鎖骨、指などを見て３つの骨格タイプから自分のタイプを診断します。

**・厚みと筋肉を感じさせる　グラマラスなストレートタイプ**
**・しっかりした骨や骨格　スタイリッシュなナチュラルタイプ**
**・とにかく華奢で薄い体の　華奢曲線なウエーブタイプ**

以下のセルフチェック診断シートで当てはまるものにチェックを入れていきましょう。

## セルフチェック診断シート

上半身

**Q1 手（手首から指まで）の大きさ**

□ 身長や体の大きさの割に小さめ …… S
□ 身長や体の大きさの割に大きめ …… N
□ 身長や体の大きさとバランスの取れた大きさ …… W

**Q2 指の関節の大きさ**

□ 目立たない …… S
□ 骨張っていて大きい …… N
□ 指が細いので目立つ …… W

**Q3 手首の特徴**

細くて丸みがある …… S
□ 骨がゴツゴツしている …… N
□ 幅広で平べったい …… W

**Q4 手首のくるぶしの特徴**

□ ほとんど見えない …… S
□ はっきり出ている …… N
□ 普通に見える …… W

**Q5 手のひら、甲の特徴**

□ 手のひらが肉厚 …… S
□ 厚さよりも、手の甲の筋っぽさが目立つ …… N
□ 手のひらが薄い …… W

上半身

## Q6 首の特徴

- □ 短めで太い …… S
- □ 太くて筋が目立つ …… N
- □ 長めで細い …… W

## Q7 鎖骨の特徴

- □ 埋まっていてはっきり見えない …… S
- □ 鎖骨のはじまり部分が大きい …… N
- □ 細めの鎖骨がはっきり見える …… W

下半身

## Q8 膝の特徴

- □ 小さくて目立たない …… S
- □ 大きく、しっかりしている …… N
- □ 大きすぎず小さすぎず …… W

## Q9 太もも、膝下の特徴

- □ 太ももは太く、膝下は細い …… S
- □ 太ももは肉感的ではなく、すねの骨が太い …… N
- □ 太ももは細く膝下は太い …… W

## Q10 腰位置や腰回りの印象

- □ 腰位置が高い …… S
- □ 腰高で骨の厚みを感じる …… N
- □ 腰位置が低い …… W

## Q11 足の特徴

- □ 身長や体の大きさの割に小さめ …… S
- □ 身長や体の大きさの割に大きめ …… N
- □ 身長や体の大きさとバランスが取れた大きさ …… W

全身

## Q12 体全体の特徴

- □ 厚みがあり上半身から筋肉がつきやすい …… S
- □ 骨がしっかりしていて肉感的ではない …… N
- □ 下半身に比べて上半身が華奢で、くびれやすい …… W

## 診断結果

**S**が多かった人

### 骨格ストレートタイプ

筋肉のつき方に特徴が出やすくハリのある質感があるタイプで、全体的に体にメリハリがある。
腰位置、バスト位置が高く厚みがあるグラマラスさが特徴。

**Arrange Point**

顔まわりに後れ毛を出しすぎすと少し老けて見えるので、縦長効果を狙ってえり足と耳うしろを引き出すと◎

**N**が多かった人

### 骨格ナチュラルタイプ

骨格のフレーム感を感じさせるスタイリッシュなボディ。
関節や骨格の大きさが特徴的で、肩や手首、関節などの骨がしっかり出ている人が多いタイプ。

**Arrange Point**

こめかみ、もみあげ、耳うしろ、えり足と全部出すと◎。引き出した髪は、くせ毛っぽくゆるく巻いて。

**W**が多かった人

### 骨格ウエーブタイプ

上半身がとにかく華奢で、下半身にボリュームが出やすいなだらかなカーヴィーボディなタイプ。
脂肪のつき方に特徴が出やすく柔らかな質感。腰位置が低めでバランスが下重心。

**Arrange Point**

うすい髪の毛がデコルテに乗ると寂しい印象になるので、えり足は出さないのがおすすめ。

# STEP 06 魅せ顔で分け目を決める

最後は、自分がより魅力的に見える「魅せ顔」は右か左なのかを診断します。
人の顔は左右対象ではなくて、あごや目尻、頬骨の位置が高くて、フェイスラインがシャープに見える方があなたの魅せ顔！
鏡の前でじっくり見てみて。例えば、右側が魅せ顔なら、右側に分け目を作り右側の魅せ顔を出します。

RIGHT

LEFT

## あとがき

本書をここまで読んでくださってありがとうございました。

簡単アレンジほんのちょっとのコツはいかがでしたか？　これならできそう！　ってワクワクしていただけましたか？

僕はこれまで「美人髪コンサル」という巻き髪のレッスンのメニューを2万人以上のお客様に教えてきました。そしてお客様がヘアアレンジする上で「どこで」つまずき、「どこが」難しいのかを聞いて解決方法をお客様にお伝えしてきました。レッスンをすると、みなさん自分のことを「不器用」とおっしゃる方が多いのですが、「不器用」と思い込んでいる方がほとんどで、本当に不器用な方を僕は見たことがありません。「不器用」と思い込んでしまう原因は、ただ「コツを知らない」だけなのです。

僕はアレンジをするのはプロとして上手いのは当たり前ですが、お客様に巻き髪のレッスンもしているので「コツ」を教えるのはもっと上手い自信があります。今回のアレンジは「美容室帰り」「アレンジ好き」「器用さん」じゃなくても、簡単にあか抜けできるアレンジで、毎日の自分をもっと可愛く、ご機嫌にできるように簡単に「コツ」を掴んでもらえるように、こだわって考えてつくりました。

ヘアアレンジと聞くと、一見難しく感じるかもしれませんが、あなたのペースでいいのでひとつからでもぜひチャレンジしてみてください！

巻き髪にしてもそうですが、まとめ髪アレンジにも「必ずこうしなければならない」という決まりはありません。なんとなくその形に近づけばいいし、結果可愛くなればそれでいいのです。みなさん苦手意識を持ちがちな巻き髪も、アレンジのひとつ。トライ&エラーで必ず出来るようになります。「昨日よりここが上手くできた！」の繰り返しで、ほんのちょっとのコツで、やればやるほど別人級にあか抜けていくことでしょう！

あなたの毎日にまた新しいあざと可愛い「キャラ」が生まれることを心から祈ります！　あか抜けアレンジしたら……もっとモテるけん気をつけて❤

今回の出版にあたりモテ髪師にアレンジ本を提案してくれた、エムディエヌコーポレーションの森公子さん、ライターの橋本裕一さん、MASHの皆様、エムディエヌデザインの石垣さん、モデルの中北成美さん、飯泉りなさん、本当に一緒に本を作ってくれてありがとうございました!!

**モテ髪師　大悟**

［制作スタッフ］
モデル　中北成美
飯泉りな
撮影　飯島浩彦（MASH）
川端健太（MASH）
執筆協力　橋本裕一
校正　ぷれす
装丁／本文デザイン　石垣由梨（MdN Design）
編集長　山口康夫
担当編集　森　公子

不器用さんでも、秒でモテ髪

# かんたんすぎる あか抜けヘアアレンジ

2023年10月1日　初版第1刷発行

著者　モテ髪師　大悟
発行人　山口康夫
発行　株式会社エムディエヌコーポレーション
〒101-0051　東京都千代田区神田神保町一丁目105番地
https://books.MdN.co.jp/
発売　株式会社インプレス
〒101-0051　東京都千代田区神田神保町一丁目105番地
印刷・製本　シナノ書籍印刷株式会社

Printed in Japan


定価はカバーに表示してあります。

【カスタマーセンター】
造本には万全を期しておりますが、万一、落丁・乱丁などがございましたら、送料小社負担にてお取り替えいたします。
お手数ですが、カスタマーセンターまでご返送ください。

落丁・乱丁本などのご返送先
〒101-0051　東京都千代田区神田神保町一丁目105番地
株式会社エムディエヌコーポレーション　カスタマーセンター　TEL：03-4334-2915

内容に関するお問い合わせ先
info@MdN.co.jp

書店・販売店のご注文受付
株式会社インプレス　受注センター　TEL：048-449-8040／FAX：048-449-8041

ISBN978-4-295-20544-9　C0077